『三国志』に学ぶリーダー哲学

竹内良雄
川﨑　享

東洋経済新報社

はじめに

『三国志』の魅力

竹内 良雄

三国鼎立

中国の歴史で日本人にとりわけ馴染みのある時代というと、後漢末期から晋王朝成立までの三国志の時代ではないだろうか。

魏の曹操の墓が発見され、最近、日本の国立博物館などで展示されたが、見学者の長蛇の列ができたという。並々ならぬ興味を抱いている証拠であろう。

中国の歴史は人物を中心に書かれている。この時代にもご存じのように、義に篤いリーダー、戦いで大活躍するリーダー、沈着冷静なリーダーなど興味深い人物が輩出している。

そして、鼎(かなえ)の足が三本で安定するのと同じように、三国志の時代は、魏、呉、蜀の三者が互いに牽制しあい、微妙な安定が生まれた。ただ、三か国は安定することは安定するが、時代というものはそのまま静かにしていられない。なんとか全中国を統一するため、まずは他の一国に働きかけ、同盟を結んで残りの一国を倒そうと謀る。残された一国はむろん孤立しては不利なので、二か国の同盟を崩そうと謀る。そこに虚々実々の外交や戦いが生まれる。

結局は、一か国が全中国を支配するまで、その動きはやまない。三国志の時代というものはこのような力学が支配するところとなる。二か国だけの争いよりは複雑となり、面白さがある所以(ゆえん)であろう。

現在の世界の情勢を見るに、米・中・ロの三か国が世界を牛耳っている。かつて米・中・ソの三か国が牛耳っていた。当時は中国がその中で弱国だったが、ソ連が崩壊し、米国が一強となり、安定が続くと思いきや、今や中国が力を強め、三か国の争いに大きな動きが生じている。いずれにせよ現代の三国志であり、その中で生きてきた者にとって、やはり三国志が身近なものに感じるのではなかろうか。

更に、なぜ三国志が我々に親しみを感じさせるのか。私は『**三国志**』という書名が大きな影響を与えたのではないかと思う。ご存じかと思うが、『**三国志**』の「志」は「誌」と同じで、書き留めるという意味だ。しかし「志」という単語を、「ある目標を目ざした望み。また、あることを意図した気持ち」(『学研漢和大字典』より)という意味に捉え、「三か国の志」と読み取れば、曹操、劉備、孫権を代表とする、彼らの志を実現する歴史と読める。ここにロマンを感じる人がいるのではないか。これほどまでに我々の心に訴えかける単語はないのではなかろうか。しかも中国の著名な歴史書で「志」を使っているのは『**三国志**』だけである。

そして、この『**三国志**』が『**三国志演義**』となり、人々の心を揺さぶったことは間違いない。これについては、あとで少し述べてみたいと思う。

さて、中国には正史と呼ばれている歴史書がある。王朝が成立すると、自分の王朝が正統な王朝であると証明するために、先の正統王朝の歴史を書き、その王朝を倒して成立したことを書き留める歴史書である。中国ではそれを書き留める歴史書が重要になるところから、歴史というものが重んじられるところとなる。そして王朝史を書きたいくつかの歴史書が生まれ、その中で優れている王朝史が正史として選ばれる。これまで、古代から漢代中期まで書かれた『**史記**』から、明王朝を述べた『**明史**』まで、正史として二十四史が認められている。

著者の陳寿

『三国志』の著者である陳寿（二三三〜二九七年）は蜀の巴西郡安漢の人である。若い頃から学問好きで、同郷の儒者譙周に師事した。あるとき、譙周は陳寿を評して次のように言った。

「君の才能と学識をもってすれば、きっと名をなすにちがいない。それだけに風当たりが強いはずだ。だがこれは不幸なことではない。細心の注意を払って生きていくことだ」

やがて観閣令史となった。観閣令史とは、帝室図書館員である。

ところが、陳寿は権力者に頭を下げることが嫌いで、そのため何度か左遷の憂き目にあった。更に、父の死にあい、郷里に戻り喪に服していたが、病にかかり、女中に丸薬をつくらせたところ、たまたま弔問客にそれを見られてしまった。当時の礼教では、父母の喪に服している時は、衰弱すれば衰弱するほど、孝行していると見なされた。陳寿は薬を飲んで療養していると郷里の者たちから糾弾され、官吏の資格を失ってしまった。当時は郷里から推薦されて官吏になれたからである。

現在の我々からすれば、病気になったら薬を飲むのが当たり前だが、親孝行は親の死後もかかわっており、当時の考えからは絶対許されないものだった。その時代時代の固定観念は規則であり、正義であり、現在の我々も現在の固定観念で物事を判断しており、陳寿の郷里の人々を笑えない。やがて、蜀が亡び、陳寿は浪人生活をしばらく続けなければならなかった。しかし、彼の文才は遠く都まで鳴り響いていた。

晋の高官の張華は、陳寿の才能を高く評価していた。

「陳寿の不孝の罪は免れ難いが、官職を解くほどのものではない」

こう言って、陳寿を推薦し、編史官輔佐に任命して、陽平県の知事も兼任させた。在任中、諸葛亮の文集を編み、奏上し、編史官に昇格した。そのあと、『三国志』六十五篇を編纂した。ただ、この時は**『魏書』『呉書』『蜀書』**であり、これらを一括して**『三国志』**と呼ぶようになったのはのちのこととなる。

当時の人は、陳寿の史官としての才能を褒めそやした。その頃、夏侯湛という人が**『魏書』**を書き上げていたが、陳寿の著作を読んで、自著をひき破ってしまったという。張華も、「将来、晋の歴史はこれに続いて書かれるべきだ」と絶賛した。

むろん、批判がなかった訳ではない。その中の一つに次のようなものがある。

陳寿の父が馬謖の参謀だったところから、馬謖が諸葛亮に処刑された時、父も連座して髪切りの刑に処された（故事「泣いて馬謖を斬る」の出典）。そこで、陳寿が諸葛亮を評価した時、次のように厳しい判断を下したという。

「諸葛亮は臨機応変の軍略が不得手だった」

このため、識者の中に、これは私怨によるものとして、『**三国志**』を認めない者もいた。

やがて、母が亡くなった。陳寿は母の遺言通り、洛陽に葬った。ところがこれが非難を呼んだ。故郷に葬らなかったからだ。と言うのも、旧中国では亡くなった父母を故郷に葬るのが慣例だった。その結果、陳寿は官界から追われるはめになった。遺言を守り、慣例に敗れた訳だが、陳寿の人生には譙周の危惧が当たり、悲運が常につきまとった。

その後、東宮侍従に迎えられることになったが、拝命前に、六十五歳で病死した。

皇帝政務秘書の范頵（はんきん）らが上奏した。

「陳寿が著した『**三国志**』は、勧善懲悪の言葉に溢れ、また事の成否の理由を明らかにしており、人を導く上で有益な書であります。文章の美しさは司馬相如に及ばぬにしても、質実さに於いては勝るとも劣らぬものがあります。なにとぞ、正史として認定されますようお願い申し上げます」

この結果、陳寿の『**三国志**』は正史として認定された。陳寿は『**三国志**』以外にも多くの著作を残したが、生きる上では悲運だった史官と言えよう。

ところで陳寿の『**三国志**』だが、なぜ『**魏書**』『**呉書**』『**蜀書**』のように分けて書いたのであろうか。本来、晋は魏からの禅譲を受けて成立している。それならば、『**魏書**』だけを書き、その中に呉や蜀の主要な人物を取り上げることにすればいい。陳寿は、『**魏書**』に「本紀」をおいているから、正統王朝を魏においていることは間違いない。むろんこのように書かなければ、晋王朝から正史として認められないからだ。しかし陳寿が魏、呉、蜀と分けたところに、蜀出身の陳寿の抵抗が読み取れるのではなかろうか。つまり、『**蜀書**』『**呉書**』を独立させて書いたことによって、魏王朝を相対化しているのだ。そしてそれを敷衍すれば、明代に成立する『**三国志演義**』が蜀を正統として書かれたのも不思議ではない。陳寿は布石を打っていたと言っていいだろう。

『三国志演義』へ

陳寿の『**三国志**』は、簡潔で逸話類はほとんど採用していない。不満な点と言えばこの点であろう。南朝宋の文帝は、簡潔さを残念に思い、皇帝秘書の裴松之（はいしょうし）（三七二～四五一年）に『**三国志**』の注をつけるように命じた。こうして簡潔だった『**三国志**』は、注がつけられ、想像力をかき立て、より物語性を付け加えた歴史書となった。もしこの時代に裴松之が資料を集めなかったら、異説を書き留めた歴史書は散逸し、『**三国志**』は簡潔のままで残り、おそらく『**三国志演義**』は生まれなかったであろう。

その後、『**三国志**』の時代に活躍する人物が多くの人の心を引きつけたのであろう、中国の社会で徐々に受け入れられていった。たとえば、唐代の有名な詩人である杜甫は、安史の乱で成都に逃れるが、そこには諸葛亮孔明の武侯祠があり、劉備の陵もある。

三顧頻繁天下計　三顧頻繁たり天下の計

両朝開済老臣心　両朝開済す老臣の心
出師未捷身先死　出師(すいし)未(いま)だ捷(か)たざるに身は先ず死し
長使英雄涙満襟　長(とこし)えに英雄をして涙を襟に満たしむ

劉備の三顧の礼に、天下三分の計を開陳し、
二代の帝に仕えて、臣下として心を尽くす。
魏討伐の軍をおこすも、勝利を得ずに陣没し、
永遠に英雄たちの涙を誘う。

（「蜀相」より）

杜甫は諸葛亮を尊敬していた。成都に到着後、早々と諸葛亮の祠堂を訪れている。そして『三国志』の「三顧」「天下計」「出師」などの言葉が使われていることから、すでに多くの人に『三国志』が知られていたことが窺えよう。更に、晩唐の詩人李商隠(りしょういん)には次のような詩がある。

或謔張飛胡　或いは張飛の胡(ひげ)を謔(あざけ)り、
或笑鄧艾吃　或いは鄧艾(とうがい)の吃を笑い、

客が張飛のようなひげ面をしていると嘲り、

鄧艾の吃音を真似して笑い、

（「驕児詩」より）

我が家のやんちゃ坊主が帰っていったお客さんをからかっている場面である。すでに子供たちは張飛がひげ面だったり、鄧艾が吃音だったことを知っていることから、書物からの知識ではなく、語り物から得たのかも知れない。つまり、『**三国志**』の物語は人口に膾炙していたと言えよう。

宋代になると、庶民文化が栄え、繁華街では様々な芸能が行われ、「説話」と呼ばれる講談が演じられ、中でも「説三分」に人気があったが、これこそ『**三国志**』を語ったものである。

やがて元代になると、本の上部分が絵、下の部分が文章という『**新全相三国志平話**』が出版され、これまでの「語り物」から「読み物」にも変化していった。そして、異説もあるが、元末民初に生きた羅貫中（らかんちゅう）によって、『**三国志演義**』（『**三国演義**』『**三国志通俗演義**』とも呼ばれている）が書かれた。

『三国志演義』の作者羅貫中

羅貫中（一三三〇？～一四〇〇年？）は太原の人で、湖海散人と号した。父の仕事の関係で、子供の頃に南方の杭州に移っている。当時の杭州は、説話が盛んで、当然大きな影響を受けた。そして、当時の著名な学者である趙宝豊（ちょうほうほう）のもとで学び、やがて、元末に起きた農民反乱軍に

と言われている。

参加した。しかし、内部分裂から太原に逃れ、その後、杭州に戻り、『三国志演義』を書いたと言われている。

当時の作家の伝記を書いた友人によると、「人とあまりつきあいがなかった。その雑劇には謎が隠され、新しさを感じさせた」とあり、雑劇の作家であったことが分かる。

さて、『三国志演義』は、当然のことであるが、陳寿の『三国志』をもとに書かれている。ただ、『三国志』が魏を正統王朝として書かれているのに対し、『三国志演義』の方は、蜀の劉備を後漢王朝の正統な後継者として書かれている。そのため、後漢王朝から政権を簒奪する曹操に対しては、曹操のずる賢さや悪事を裴松之の注から採用し、曹操像を作り上げている。しかし、本文でも取り上げているように、曹操は実に有能なリーダーであることが分かるし、それに反して有徳者に描かれている劉備が、劉備ファンの人には申し訳ないが、ある点では実に卑怯なリーダーであることも分かる。

リーダー哲学を考える場合、『三国志演義』のフィクションとしてのリーダーではなく、やはり『三国志』の実際のリーダーを見ていかねばなるまい。それこそが、時代を超えて、実際に存在した優れたリーダーを見つけ出すことができる方法であろうし、また自分をその高みに導く道しるべとなるであろう。

本書は、『三国志』を丹念に読み、見過ごしそうな注からも適切な言葉を選び、現代の経営学に関連づけて書いている。非常にユニークであり、示唆に富んだ言葉は、多くの読者に有益になることと確信している。

後漢末期·三国時代の地図

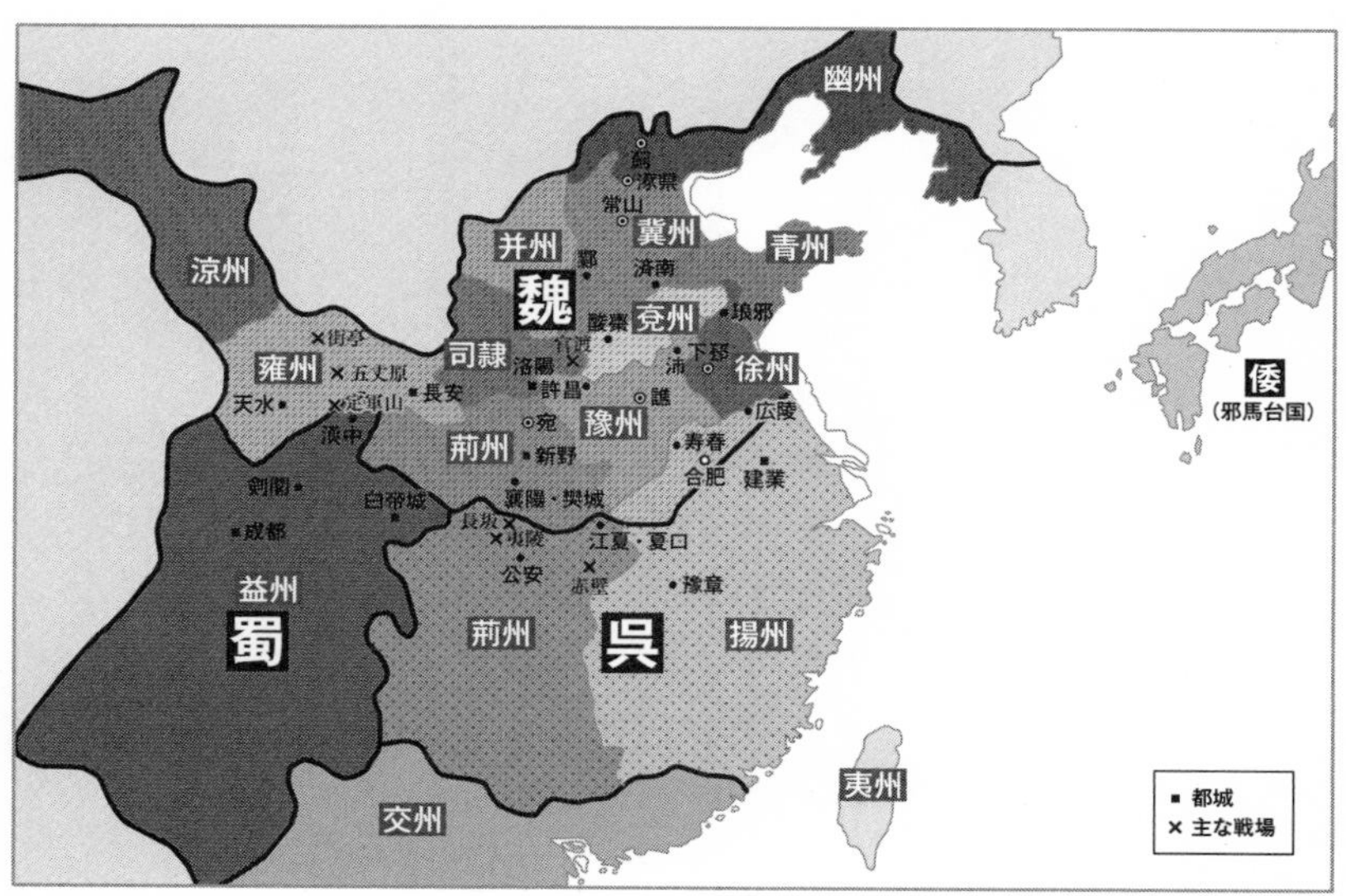

『三国志』年表

西暦	関連項目	出来事
184	02 16 42	「黄巾の乱」が起こる。何進が後漢の大将軍となる。
187	01	曹嵩、後漢の太尉となる
188	74	州に牧が置かれる。劉焉が益州牧となる。
189	03 04 41 54	霊帝が崩御。何進が暗殺される。袁紹が宦官を誅殺。献帝が即位。董卓が相国となる。
190	05 16 22	袁紹、曹操らが反董卓で決起。董卓が長安へ遷都を強行。
191		袁紹が冀州牧、曹操が東郡太守となる。
192	06 07 26	王允が董卓を暗殺。李傕が王允を殺害。劉表が荊州牧、曹操が兗州刺史となる。
193	コラム	曹嵩が陶謙の部将に殺害される。
194	39 49 62	援軍として劉備が徐州へ赴くが、陶謙が病没。劉璋が益州牧となる。
195	33 56	袁紹が臧洪を滅ぼす。天下が大いに乱れる。
196	22 37 45	曹操が献帝を許昌へ迎える。
197	07 16 20 38 71	曹操が張繍に敗北。袁術が寿春で皇帝を僭称する。
198	40 68	曹操が呂布を滅ぼす。曹操が上奏して劉備が漢の左将軍となる
199	07 31 43 68	袁紹が公孫瓚を滅ぼす。袁術が憤死。劉備が小沛で曹操から独立。
200	08 09 23 24 27 60	孫策が暗殺される。曹操の上奏で孫権が討虜将軍となる。官渡の戦い。
201	26	劉備が荊州へ逃れて劉表の庇護下に。曹操の上奏で劉備が豫州牧となる。
202	25	袁紹が病没。
205	15 57	曹操が袁譚を滅ぼし、青州を平定。陳琳が曹操の配下となる。曹操が薄葬令を出す。
207	50 72	郭嘉が死去。劉備が諸葛亮を古隆中を訪ね、「三顧の礼」でスカウトする。
208	16 28 29 46 51 53 59 69 73 83	曹操が丞相。劉表が病没。曹操が荊州を平定。赤壁の戦い。
209	85 86	劉備が孫権の妹を娶る。龐統が劉備に仕える。
210	11 63	曹操が人財登用は才能のみを重視すると布告。周瑜が病没。
211		曹操が関中を平定。劉璋が法正の建言で劉備を益州に迎え入れる。
212	37 87 88	曹操が孫権を征討、荀攸が服毒自殺。劉備が劉璋を攻める。
213		曹操が魏公となる。馬超が魏に敗れて張魯のもとへ。
214	41 47 61 74 81 89 94	龐統が戦死。馬超が劉備に降る。劉備が益州を平定。荀攸が死去。
215	30 35 65	漢中の張魯が曹操に降伏。
216	12	曹操が魏王となる。
217	21 53 54 67	劉備が漢中へ派兵する。王粲が死去。曹丕が魏の太子となる。
218	48	魯粛が死去。
219	16 39 64 65 68	定軍山の戦い。夏侯淵が戦死。劉備が漢中王となる。関羽が斬られる。呂蒙が死去。
220	01 14 15 16 77	曹操が死去。曹丕が漢の献帝を廃して魏の皇帝に即位する。黄忠が死去。
221	74 82	劉備が皇帝に即位。張飛が暗殺される。孫権が魏に臣従して呉王に封ぜられる。
222	65 90 95	夷陵の戦い。馬超、劉巴が病死。
223	44 70 75 77 96	賈詡が死去。
226	19 21	魏の文帝曹丕が病没。曹叡が即位。
227	07 76	諸葛亮が「出師の表」を奉じて北伐開始。
228	19 78 92	街亭の戦い。馬謖が刑死。
229	83	孫権が呉の皇帝に即位。趙雲が死去。
230	12	司馬懿が魏の大将軍となる。
231	79	諸葛亮が祁山で司馬懿と初めて対決。
234	19	諸葛亮が五丈原で陣没する。
235	95	魏延が暗殺される。蔣琬が蜀の大将軍となる。
238	12	邪馬台国の卑弥呼の使者が魏に朝貢。卑弥呼が「親魏倭王」に封ぜられる。
239	12 19	魏の明帝曹叡が崩御。
241	61	諸葛謹が死去。
244	99	陸遜が呉の丞相となる。費禕が漢中で魏を迎撃に成功。
245	98	陸遜、蔣琬、董允が死去。
251	12	司馬懿が死去。
252		孫権が死去。
256	58 100	姜維が蜀の大将軍となる。
263	100	鍾会と鄧艾が蜀を征討。蜀が滅亡する。
264	100	鍾会、姜維が殺害される。司馬昭が晋王となる。
265	12	司馬昭が死去。魏の曹奐から帝位を禅譲された司馬炎が晋の皇帝に即位する。
271		劉禅が死去。
280	12	晋が呉を滅ぼして天下を再統一する。

『三国志』に学ぶリーダー哲学◉目次

2 リーダーだけが持つ器量

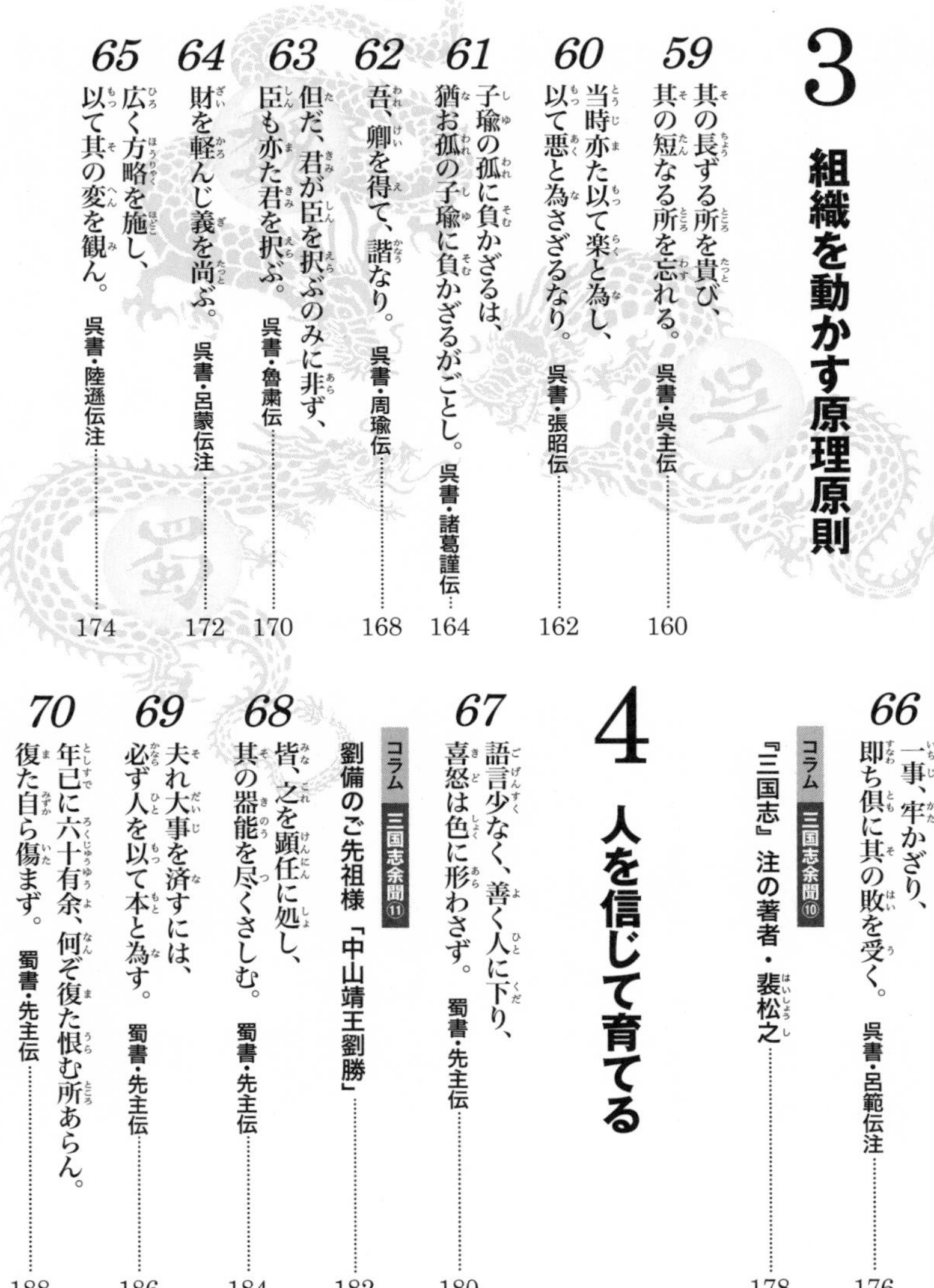

3 組織を動かす原理原則

4 人を信じて育てる

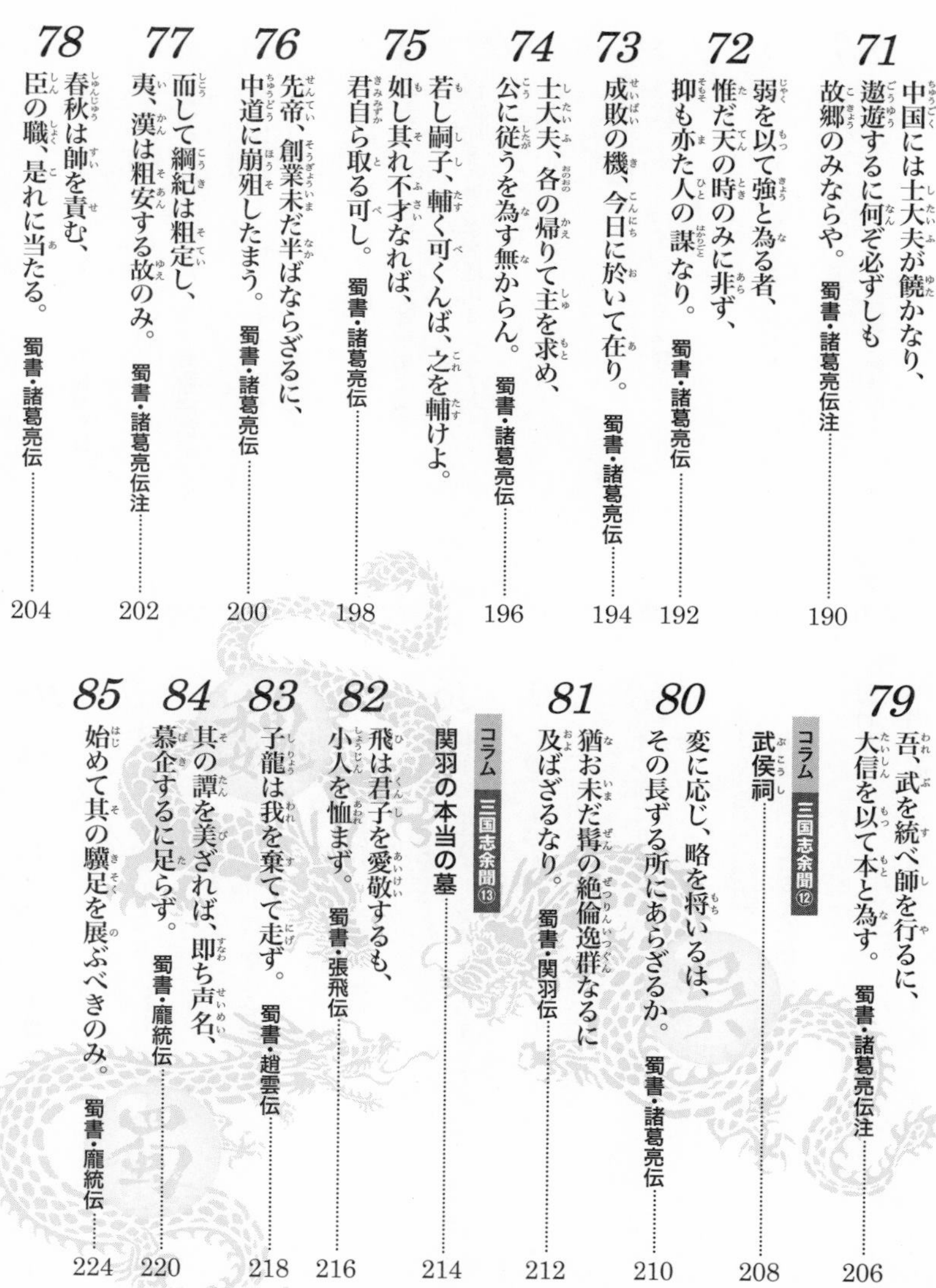

1 トップたる者の宿命

01

リーダーが見せた才能の片鱗

故に世人、未だ之を奇せずとなり。

【魏書・武帝紀】

世の中で評価する人は全くいなかった。

『三国志』に登場する人物の中で、数多の英雄たちの前に立ちはだかった曹操は、文字通り巨星とも言うべき真の英雄です。前漢（紀元前206～紀元後8年）の建国者である劉邦の故郷近くの沛国譙県（安徽省亳州市）で、155年に生まれました。

劉邦の片腕で丞相を務めた曹参の子孫を称する曹騰は、宦官（皇帝の後宮に仕える為に男性器を切除された役人）の最高位に昇り詰めました。曹操の父である曹嵩は、曹騰の養子となり、売官売爵（官爵を得る際に皇帝へ多額の献金を必要とした）制度を始めた後漢（25～220年）の霊帝に一億銭を献上して、187年11月に官僚の最高職の一つである「太尉」の位に昇りました。養祖父は宦官の世界で、父は官僚の世界でトップを極めた曹操は、「宦官の孫」と揶揄されながらも非常に裕福で恵まれた環境で育ちました。

——太祖少機警、有権数、而任侠放蕩、不治行業。（太祖少くして機警、権数有り、而して任侠放蕩、行業を治めず）。

「太祖は若くから機智と権謀があり、任侠を好んで放蕩し、品行は良くなかった」と脚色な

漢文 故世人未之奇也。

しにそのままズバリと書かれています。男伊達を競う世界に憧れるやんちゃなワルで、典型的なボンボンでした。そして、若き曹操が後に天下を統べるような器量人になるとは、誰一人として認める者はいなかったと本項フレーズで記されています。

但し、曹操は単なるバカ息子とは少し違ったらしく、若い頃からその優秀な頭脳を使って、言い逃れや理由付けに巧みであったと言われています。後漢の高官や有力者の子弟である袁紹、袁術、張邈、許攸といった『**三国志**』の英雄たちは、曹操と子供の頃からの知り合いであったと記されています。抜群の智力に加えて非常に柔軟な思考、即ち「**臨機応変**」の才によって曹操は、仲間たちからも一目置かれていました。

２２０年に66歳で亡くなった曹操は、その偉大な業績を顕彰されて、魏王の位を継いだ息子の曹丕から「武」と諡（皇帝、王侯、相将の死後に国が定める尊称）をされます。以後、曹操は「魏の武王」または「魏武」と呼ばれるようになりました。

後漢の献帝から禅譲を受けた曹丕が、魏の皇帝に即位したことから、曹操の諡号は「武王」から「武皇帝」と変わり、孫の明帝曹叡から「太祖」という廟号（皇帝や王が先祖をお祀りする際の管理名）も決められました。全て亡くなった後のことですので、曹操自身は後世に自分が「魏の太祖武皇帝」と呼ばれるようになったということは知りません。『**三国志**』の『**魏書**』に収められている曹操の伝記名が、『**武帝紀**』となっている所以です。

英訳 No one thought young Cao Cao was special in those days.

コラム　三国志余聞①

曹操のお祖父ちゃん曹騰

曹騰は宦官として最高位の中常侍・大長秋にまで昇り詰め、費亭侯という爵位まで与えられて貴族となり、養子をとることが許された。鄧太后（和帝の皇后、後漢の建国の功臣・鄧禹の孫）に気に入られて、その息子（後の順帝）に仕え、四代の皇帝に重用される。

宦官は皇帝の后妃が住む後宮で働く為、男性器を自ら切除、または刑罰によって切除した官吏である。皇帝のプライベート全般を知ることから、その信頼を勝ち得れば、政治を思うままに操り、巨大な権力を得て莫大な富を蓄えることもできた。

宦官と言えば、秦の趙高をはじめ悪いイメージが先行しがちだが、司馬遷、蔡倫、許広漢、鄭和といった優れた人物も中国史上には数多く存在した。曹騰もその一人である。

曹騰は優秀な人財（本書では優れた人材を「人財」と表記）を推挙しながらも恩着せがましいことを言ったり、自らの功績を誇って驕ったりすることがなく、宦官ながらも後漢の朝廷では人格者として尊敬されていた。

曹騰の故郷である安徽省亳州市には、曹騰の銀縷玉衣（薄く削ったカードサイズの宝石を銀の糸で縫い合わせて遺体をすっぽり覆う死装束）が、その墳墓内に展示されている。

▲曹騰の墓１（安徽省亳州市）

▲曹騰の墓２（安徽省亳州市）

▲曹騰の墓３（安徽省亳州市）

▲曹騰の銀縷玉衣（安徽省亳州市）

金銭に惑わされないという資質

02 子は治世の能臣、乱世の姦雄なり。

平時ならば優秀な人財であろうが、乱世となれば悪知恵の働くヤリ手になるだろう。

【魏書・武帝紀】

後漢末の人物鑑定家として有名な許劭が、曹操を評した本項フレーズは、『三国志』の中で最もよく知られた言葉の一つでしょう。機智に長ける一方で悪知恵も働く曹操は、「**平時ならば有能な官僚として出世し、乱世ならば野心溢れるトップになるだろう**」という意味です。

法と秩序を遵守し、与えられた仕事を着実にこなして、国家組織に貢献することが、能臣ということですが、平時の組織において曹操が、果たして優秀な官僚として出世することができたかどうかは分かりません。

20歳で曹操が都の洛陽北門を守る警備隊長となった時、夜間通行禁止令を我が物顔で無視する権力者の縁者を捕らえて即座に打ち殺して、都の人々の喝采を浴びます。しかしながら、権力者からは疎んじられて、栄転という名目で地方の県令に飛ばされてしまいました。

やがて都に召喚されて議郎（政策審議官）となった曹操は、腐敗する大臣や宦官を告発しまくって権力者から嫌われますが、「黄巾の乱」が勃発し、その平定に活躍したことから、30歳にして青州済南国（山東省済南市）の相（知事）に任ぜられます。曹操は着任するや否や、

漢文 禁断淫祀、奸宄逃竄、郡界粛然。

管轄下10県の腐敗する県令を全て罷免します。地方行政のトップは、賄賂をもらって私腹を肥やせる美味しいポストでしたが、富裕な高官の家に生まれた曹操からすれば、そんな賄賂などは「はした金」でしかありませんでした。清廉にして過烈なトップに、済南国の行政を担う組織のメンバーたちが、襟を正したことは言うまでもありません。

剛腕で気鋭の青年官僚であった曹操ですが、平時ならば直ぐに失脚したかも知れません。しかしながら、自分の置かれている状況をよく理解していた曹操は、東郡太守への栄転を辞退して、故郷で隠遁する生活を選びます。20年は引き籠る覚悟であったと後に曹操は語っていますが、3年もしないうちに大将軍の何進（かしん）が曹操を都へ呼び戻し、武官としての曹操の人生が一気に開かれることになります。時代が曹操をつくったのです。

現代の日本は、歴史的にはかつてない平和を70年以上も謳歌していますが、決して安穏たる平時ではなく、社会は絶えず変化し激動しています。世の中は実力主義であり、常に乱世にあります。

政治家や企業人で「平時でならばトップに立てたであろう」と期待されながら後（あと）一歩で届かない人格者がよくいますが、そういう人物は突き詰めてみれば、リーダーとしての根本的な資質に欠け、平時であれ乱世であれ実際には役に立たないものなのでしょう。

如何なる時でもリーダーたる者の資質は同じで、智略と勇気があり、時勢を見極める**「先見の明」**と共に、**「臨機応変」**に動くことができなければならないものです。

英訳 You will be an excellent leader in a time of peace but villain in a time of chaos.

物事を合理的な思考で判断する

03

但だ世主、当に之に権寵を仮し、此に至らしむべからず。

トップがお気に入りのメンバーを依怙贔屓したので、こんなにも増長させてしまった。

【魏書・武帝紀注】

光武帝劉秀が建国した後漢は、２代目の明帝劉荘の崩じた以降の１５０年の間、外戚（皇后の一族）と宦官（皇帝の世話係）の権力闘争に明け暮れます。

荊州南陽郡（河南省南陽市）で肉屋の主だった何進は、同郷で高位の宦官となった郭勝の推挙で、美しい妹が後宮に入って霊帝の寵愛を受けて皇后となったことから、その兄として宮廷で出世し、**「黄巾の乱」**が勃発した１８４年に大将軍に任ぜられました。

１８９年に12代目の霊帝劉宏が崩じると、皇后何氏は兄の何進と謀って幼い息子の劉弁を皇帝に即位させせます。

皇帝の伯父となった大将軍の何進は、宮廷を牛耳る宦官を一掃して政権を掌握するべく、**「黄巾の乱」**平定で活躍した董卓らの将軍たちを都の洛陽へ召喚して、宦官へ軍事的圧力を掛けることにしました。

この案を聞いた曹操は「宦官など昔から存在するものだ」と鼻で笑ってから、本項フレー

漢文 但世主不当仮之権寵、使至于此。

ズで指摘します。続けて、悪い連中を一掃するのは簡単なことだと次のように述べます。

——既治其罪、当誅元悪、一獄吏足矣。(既に其の罪を治むるに、当に元悪を誅すべく、一獄吏にて足るべし)。

「悪の元凶を捕まえて誅殺するだけで解決するので、獄吏が一人いれば済む話ではないか」とわざわざ遠くにいる董卓らの軍を呼び戻すなど大袈裟なことをすれば、大きな災禍を招くだけであり、企ても露見して失敗するに決まっていると反対したのです。

養祖父は宦官でも非常に優れた人物でしたので、曹操は他の高官の子弟や一般の人々と違って偏見も無く、一口に宦官と言ってもその個人にはそれぞれ優劣や善し悪しがあることを身近で知っていたのでしょう。

また曹操は一面からの先入観だけで、全体を判断してはいけないということを理解していました。これは現代のリーダーたる者も、一個人を見てその国全体や民族、組織などを談ずるようなことは慎むべきであるという戒めにも繋がります。

組織にとって大きな悪だからと言って、全てを取り除くのではなく、その元凶だけを除去すれば容易に解決できるという曹操の合理的思考は、現代においてもリーダーたる者が学ばなくてはならない点でもあります。その前に依怙贔屓人事などは、トップとしてはあるまじき行為であることは言うまでもありません。

この時、何進の計画を漏れ聞いた宦官たちは、何進を宮廷に誘き寄せて暗殺します。激怒した何進の副官である袁紹は、将兵と共に宮廷へ突入し、宦官2000人を皆殺しにしました。

英訳 As the top performing and favorite members of organisation, they have grown arrogant.

自己の目的達成を最優先にする

04

寧ろ我人に負くとも、人の我に負くこと毋らしめん。

私が他人を裏切ろうとも、他人が私を裏切るようなことはさせない。

【魏書・武帝紀】

現代の中国や日本においても、曹操は冷酷で情け容赦ないトップ、悪知恵に長ける狡猾なボスというレッテルを貼られたままで、その先入観をなかなか払拭することができません。曹操の非道ぶりを端的に表す言葉として、本項フレーズはとても有名です。

宦官2000人が袁紹らのクーデターによって殲滅された後、混乱する都の洛陽に乗り込んで来た董卓は、皇帝をすげ変えて権力を握ります。董卓は英気溢れる曹操を気に入って、驍騎校尉（近衛騎兵司令官）に抜擢しますが、曹操は洛陽から逃亡します。董卓のような仁徳のない強欲なトップでは、政権が長続きするはずがないと明敏な頭脳で直感したからです。

指名手配が回される中、郷里の譙（安徽省亳州市、洛陽から南東120㎞）へ逃亡し、成皐（河南省鄭州市）にある父の友人である呂伯奢の家に休息の為に立ち寄ります。

呂伯奢は不在だったものの、その息子たちが歓待してくれます。やがて刃物を研ぐ音が聞こえ、曹操は自分を殺害するつもりだと疑って、先手必勝で呂家の一族郎党8人全てを殺害

漢文 寧我負人、毋人負我。

してしまいます。しかしながら、実は曹操をもてなす豚を潰す為に、包丁を研いでいたことに気付き、曹操は捨て台詞(ぜりふ)のように本項フレーズを吐きました。

目的達成の為に手段や方法を択ばないというのは、組織のトップが備えるべき意思貫徹力の強さであります。組織の目的の為には、個人的な義理や厚い人情を捨て去る覚悟も場合によっては必要になります。もし人情などを優先しては、組織が危機に直面したり滅びたりする事態を招きかねません。ましてや身内に裏切られることは、組織全体の存続を脅かす最大の危機を生み出しますので、トップは裏切りを容認することができないものです。

古今東西、裏切りは数限りなくありますが、他人を裏切る者は、必ず自分も後々裏切られるという「鏡の法則」があります。裏切られると人は誰でも、他人のせいにしがちですが、自分が先に裏切っていることを棚に上げているようなことはないでしょうか。

曹操にとっては、自分の目的を達成する為には、自分にとって直接的な利害関係のない人間たちから嫌われても、彼らがどうなろうとも全く何も感じないという極めて利己的、且つ合理的で図太い神経が備わっていました。

最近の流行り言葉であるサイコパス、つまり他人への共感性が、極めて弱い性質を曹操が備えていたことは疑いないでしょう。だからこそ、三国時代において強い意志で、曹操はリーダーシップを発揮することができたのです。自分自身の心の奥底に刷り込むまでの非情な信念を持つことは、ある意味でリーダーとしての一種の才能ではないでしょうか。

英訳 Even though I may betray another, I do not allow any others to betray me.

成功の為のブレない軸を持つ

05

順を以て逆を誅せば、立ちどころに定む可きなり。

順を以て逆を討つならば、たちまちのうちに平定できよう。

【魏書・武帝紀】

袁紹の呼び掛けに応じて、韓馥、袁術、孔伷、劉岱、王匡、張邈、張超、橋瑁、袁遺、鮑信が反董卓を大義名分にして一斉に蜂起し、酸棗（河南省新郷市延津県）に集結します。

しかしながら、精強な涼州兵からなる董卓軍を恐れ、誰一人として先に進撃しようとしないのを見て、曹操は激怒します。

――此天亡之時也。一戦而天下定矣。不可失也。（此れ天の亡ぼす時なり。一戦して天下は定まらん、失う可からざるなり）。

「天が董卓を滅ぼそうとしている時、一戦すれば天下は定まる。この時を失ってはならない」と勇んで兵を率いて西へ向かいます。

そして汴水の畔で董卓の将軍である徐栄と激突しますが、曹操は大敗北を喫します。曹操はほうほうの体で逃れますが、十数万の兵を有して慢心した袁紹らの諸将は酒盛りをしていました。そこで曹操は自らの計略を披露し、各将の配置と役割を決めて董卓軍との決戦を目

漢文 以順誅逆、可立定也。

指そうと熱弁を振るいます。そして本項フレーズで声高に叫び、続けて、正義の旗印の下に集まったにもかかわらず、進軍するのを躊躇すれば、

――**失天下之望。竊為諸君恥之。（天下の望を失わん。竊かに諸君の為に恥ず）。**

「天下の期待を裏切ることになる。諸君は恥ずかしくないのか」と訴えますが、袁紹も張邈も興奮する曹操を抑え込むだけでした。既にこの時点において、曹操は他のリーダーたちと違って、人々の支持を得て天下を定めようという「ビジョン」「ミッション」「パッション」を初めから持っていたことが窺えます。多くの兵を持ち実力のあった袁紹、張邈、袁術たちが、後になって天下に覇を唱えようと曹操に対して立ち向かおうとしても、敵わなかったのが当然と思うのは、後世から眺めた歴史だからだけとは言えないものがあります。

大義名分（スローガン）を持てば、たとえ自らの力が弱くとも、果敢に立ち向かっていくことで、大勢の人財の優れた力と知恵、一般の人々の強い支持を集める求心力を生むことができるものです。曹操はリーダーたる者の要諦をしっかりと心得ていて、それも最後までブレずに貫き通したことにより、最終的に勝利を勝ち得た訳です。

現代に生きるトップは、これを自分のビジネスや競争環境に置き換えた時、曹操と同じ立ち位置を堅持することができるのか、袁紹や張邈の側で安易に静観するのか、よくよく照らし合わせて見れば、自らの成功のポイントが自然と浮かび上がって来ます。

成功の為のブレない基軸を定めた後は、目標を貫徹する強い意志だけが、何よりも必要です。

英訳 You can defeat evil immediately if you advocate for justice.

貢献や功績を正当に評価する

06

明に賞罰を勧め、衆乃ち奮を復す。

【魏書・武帝紀】

明確な賞罰によって、兵の士気が再び上がった。

袁紹を盟主とする反董卓勢力の各将が、対立し瓦解し始めた頃、後漢の献帝の側近である王允が、董卓の最も信頼する呂布を抱き込んで、１９２年に董卓の暗殺に成功します。しかしながら、董卓の腹心である李傕と郭汜が王允を殺害し、呂布を長安から駆逐します。兗州牧の劉岱が橋瑁を攻めて殺害し、諸将が争う間隙を突いて、各地で黄巾賊が勢力を盛り返します。青州（山東省西部）の黄巾賊は兗州を攻め、劉岱が戦死します。この黄巾賊を撃退する為に、陳宮と鮑信は曹操を兗州牧に招きますが、鮑信が黄巾賊との戦いで敗死してしまい、曹操は鮑信の弔い合戦に臨みます。

黄巾賊は長年にわたって反乱を行っていたことから、戦争経験の豊富な兵士を擁して極めて精強でした。

一方、曹操の軍は自らの地元で集めた義勇兵が主体で、せいぜい騎兵と歩兵を合わせた１０００名程でしたので、黄巾賊の襲撃を受けて大きな被害を出して苦戦します。士気が落ちる中、甲冑で身を包んだ曹操は、兵士一人ひとりに親しく声を掛け、本項フレーズにあ

漢文 明勧賞罰、衆之復奮。

る通り「**信賞必罰**」を約束して奮起を促します。

曹操が「**信賞必罰**」を第一としたことは、『**魏書・武帝紀**』の随所に記載されています。

——**不官無功之臣、不賞不戦之士。（無功の臣を官せず、不戦の士を賞せず）**。

曹操は結果重視で、その功績に対してはケチケチすることなく思い切って報いましたが、戦いで臆する者や、功績がないにもかかわらず恩賞を望むような輩に対しては、

——**無功望施、分毫不与。（功無きにして施しを望むは、分毫すら与えず）**。

きっぱりと拒否しました。またチャンスを逃したり、勝つべくして勝利を逃した者は、

——**失利者免官。（利を失う者は、官を免ず）**。

「官職を剥奪する」と責任ある立場にある現場のリーダーに対して、厳しい布告を出しています。後に曹操は、敵対者たちに勝利できたのは自分の力ではなく、優秀な幕僚や滅私奉公した将兵たちのお陰であるとして、大々的にその功績に報いています。

如何なる時であっても強い組織は、自分の貢献や功績が正しく評価されることを望む者たちによって構成されるもので、それを正当に評価することができるトップによってマネジメントされるべきです。それが最も力を発揮する組織をつくる源泉であるからです。

曹操は苦難の末に黄巾賊を破り、済北で30万の黄巾賊と１００万近い流民を降伏させます。その降伏兵の中から精鋭を選抜して傘下に収めた曹操は、自分の親衛軍として「青州兵」と名付けます。以後、曹操の常勝を支える中核となりました。

英訳 Cao Cao encouraged soldiers through the clear system of reward and punishment that he established.

コラム　三国志余聞②

董卓

董卓は『三国志演義』において、悪逆非道の梟雄としての扱いを受けているが、実はなかなかの器量ある勇猛果敢な武人であった。若い頃は馬を走らせながら左右どちらにも矢を放つことができる腕前の持ち主で、その度量は異民族の羌族を心服させる程で酒を酌み交わす仲となった。腕力も魅力も大いにあった董卓は、羌族と漢族の混血した体格の良い精鋭の兵士たちを率いて辺境の地を守る将軍にまで出世し、羌族と百回以上も戦争に明け暮れたという。

少帝劉弁を廃してその兄弟である献帝劉協を擁立し、朝廷で権勢を欲しいままにしたが、既存の支配層である高官たちに嫌われて、養子の呂布に１９２年に殺害された。人々はその死に拍手喝采したという。『三国志』魏志の『呂布伝』によれば、呂布が董卓の侍女と密通したことの発覚を恐れた為とされているが、『三国志演義』では、内心で董卓の暴虐ぶりに反感を抱いていた司徒の王允が、養女の貂蝉を董卓と呂布が奪い合うように仕向け、呂布に董卓を殺すよう唆したというストーリーになっている。

董卓が相国・太師として後漢の中央権力を握ったのは僅か3年ばかりだが、袁紹、曹操、劉岱、孔伷、張邈といった名門の子弟を起用しようとしたり、鄭泰、荀彧といった評判の良い若手人財を積極的に官僚に登用したりして、乱れた政治を改革しようと試みている。

また後漢末の混乱を引き起こした遠因は、愚かなトップである霊帝であると怒りと共に断言しており、董卓には董卓なりの正義があったことが窺える。

１９１年に洛陽に攻め寄せる孫堅に呂布が敗れて、信頼する勇将の華雄が討たれると董卓は長安へ遷都し、郊外の郿城に30年分の食糧を蓄えて一族を住まわせるが、裏切った呂布に暗殺されると一族も皆殺しとなった。董卓の肥満体

▲霊帝陵（河南省洛陽市）

▲董卓の首塚（河南省鞏義市）

の遺体を回収する者がなく、雑兵が戯れに董卓の遺体のヘソに灯芯をさしたところ、流れ出た脂のせいで、数日間燃え続けたという。河南省の鞏義市には、董卓の首塚が残っている。

07

英雄が英雄を認める時

終に人の下為らざん、早に之を図るに如かず。

最後まで人の下にいる人物ではありません。早く始末されるが良いかと存じます。

【魏書・武帝紀】

193年、曹操の侵攻を受けた陶謙を援けるべく、公孫瓚が劉備を派遣します。その翌年に陶謙は病死し、遺言で徐州牧の地位を劉備に譲ります。その頃、長安を追い出されて将兵と共に中原を放浪する呂布は、劉備が守る徐州ならば略奪できると目論見ます。

呂布は徐州城に強引に乗り込むや城を乗っ取り、劉備は呂布に降伏します。劉備は徐州の東の下邳（江蘇省邳州市）へ将兵を引き連れて移りますが、呂布は手を緩めずに劉備を攻撃したことから、劉備は徐州を譲ってくれた陶謙の仇である曹操のもとに逃げ込みます。その知らせを聞いた程昱は、次のように反対します。

「劉備を観察しますに、ズバ抜けた才能を持っている上に、よく人々の心を掴んでいます」

棚から牡丹餅のように徐州牧の地位を手に入れた劉備の人望を鑑みて、程昱は冷静に危険人物と判断して、本項フレーズで進言したのです。しかしながら曹操は、

――方今収英雄時也。（方今、英雄を収める時なり）。

漢文 終不為人下、不如早図之。

「今は英雄一人を殺して天下の人心を失うのは不可」として、程昱の提言を却下しました。

曹操は劉備を厚遇します。197年、袁術が皇帝に即位した報を知った曹操は、劉備に兵を授けて出征を命じます。それを聞いた程昱は郭嘉（かくか）と共に、命令の撤回を曹操に進言しますが既に遅く、劉備は曹操が任命していた徐州牧を殺害し、漢の高祖劉邦（こうそりゅうほう）の故里である「沛（はい）」に本拠を定めて反旗を翻します。曹操は直ぐに討伐軍を派遣しますが、遂に陥落させることはできませんでした。

未だ大した力がない段階においても劉備には、優れた資質や心に秘める野望が見え隠れしていたことが窺える一方、警戒心の強い有能な補佐役（アドバイザー）たちがいなければ、頭の切れる曹操でもついつい軽はずみな判断をしているところが興味深い逸話（エピソード）です。曹操は狡猾な人間と指弾されますが、育ちが良いせいか、変に人を信用し過ぎるお人好しのところがあります。

更に曹操自身は董卓暗殺に失敗して逃亡した際、虎牢関（ころう）を越えた中牟（ちゅうぼう）（河南（かなん）省開封（かいふう）市郊外）で捕まりながら、「天下の雄儁（ゆうしゅん）」たる人物を失ってはいけないと言われて、自身が見逃された経験がありました。そのせいか、妙に自分が見込んだ人物に対しては甘かったようです。

曹操は自分と同じ資質があるのは劉備だけだと認めて、「劉備は人傑である」と評価し、「劉備はワシと良い相手だが、計略の思いつきが少し遅い」と**「赤壁の戦い」**後に敗走中の曹操が述べたと史書に残されています。また一方、劉備が「常に曹操は有能」と言っていたと**「後出師（ごすいし）の表（ひょう）」**の中で諸葛亮が記しています。曹操と劉備は、互いに認め合っていたのです。

英訳 After all, Liu Bei won't subject himself to any authority. As such, it is best to eliminate him immediately.

コラム　三国志余聞③

曹嵩の塚

曹操の父である曹嵩は、退官してから故郷の譙県で隠居生活を送っていた。董卓の勢力が及ぶことを恐れて、徐州東北の琅邪郡に疎開した。琅邪郡に隣接する泰山郡の太守である応劭が、より安全な泰山郡へ曹嵩を招いたからである。曹嵩の養父である曹騰は125年に泰山郡に属する費県の亭侯に封ぜられており、196年に曹操も封ぜられていることから、史書に記録はないものの、後漢の太尉にまで昇った曹嵩も、費亭侯に封ぜられていたであろう。

193年、徐州牧の陶謙は高官であった曹嵩一行を保護するべく、配下の将である張闓に騎兵200を付けて護衛として派遣した。しかしながら、曹嵩一行が泰山郡の費県と華県との境に至った時、曹嵩に従う100の荷駄車に満載の財宝に目がくらんだ張闓は、曹嵩一行を殺害して、その財宝を奪って淮南に出奔してしまった。陶謙はその知らせに驚愕した。

父親の悲報に接した曹操は大激怒して、陶謙の責任を問い、徐州征伐の為に派兵した。曹操は陶謙の領地へ侵入するや、道行く全ての城市を攻略し、その住民だけでなく犬猫一匹まで全て殺戮し、曹操軍の通った後には廃墟しか残されない有様であったという。

曹嵩が殺害されたという地点は、現在では小麦畑が広がっている。20世紀の文化大革命の際に破壊されるまで、実は曹嵩の塚が存在していた。そこから目と鼻の先に、諸葛亮の故里（生まれた里または先祖の地）である徐州琅邪郡陽都県（山東省臨沂市沂南県）があり、そこには諸葛亮の廟がある。曹嵩が襲撃された当時12歳の諸葛亮は、曹嵩の襲撃事件やその後の曹操の復讐戦の話を大人たちから聞かされて、子供ながらに戦慄を覚えたのかも知れない。

あの広大な中国大陸において、『三国志』の二人の英雄の接点が、こんなにも近くにあったということは驚きに値する。諸葛亮が後に曹操を主人に択ばずに劉備を主とした理由の一つは、曹嵩にかかわるこの一連の事件が、諸葛亮の記憶に鮮明に残っていたからかも知れない。

▲曹嵩の塚跡（山東省沂南県）

▲諸葛亮故里（曹嵩の塚跡から車で５分程の距離）

有能な人財を集める秘訣

08

子遠、卿来たらば、吾が事済れり。

許子遠、貴兄が来てくれたなら、私の目的は達せられたのと同じだ。

【魏書・武帝紀】

世の中の優れた人財を全て幕下に集めたと豪語する曹操は、人財収集家だけあり、人を迎える度に発するその褒め言葉は見事の一言です。曹操の幕僚となった者たちは、初めて曹操から掛けられた言葉に感動し、終生忘れることなく忠義に励んだはずです。

200年の「官渡の戦い」で袁紹10万の大軍に対峙した際、曹操には一説にはその10分の1と言われる数の将兵しかおらず、対陣も長引いて兵糧にも窮します。撤退の文字が頭を過る中、袁紹の参謀役の許攸が、袁紹を見限って、曹操に降って来たとの知らせが届きます。曹操は自分の陣幕から裸足で飛び出して、許攸を字で親しく呼び掛けながら、本項フレーズをつぶやきます。

許攸と曹操は昔馴染みで、霊帝の時代に許攸がクーデターを起こそうとした際には、曹操を誘った程の仲です。クーデターは事前に発覚し、許攸は逃亡して袁紹の庇護を受け、そのまま参謀役に収まります。許攸は袁紹とも、子供の頃からの友人でした。

河北四州を支配下においた袁紹の幕僚には、二つの派閥がありました。沮授と田豊のグルー

漢文 子遠、卿来、吾事済矣。

プ、郭図（かくと）と審配（しんぱい）のグループです。天下統一に目障りな曹操に対して、前者は持久戦、後者は短期決戦を主張して対立します。袁紹は後者の意見を採用して、官渡へ出兵します。

許攸は曹操の本拠地・許昌（きょしょう）（河南（かなん）省許昌市）を奇襲する案を献策をしますが、袁紹に却下されます。更に審配によって親族が汚職の罪で逮捕され、自身も収賄の疑いを懸けられて追い詰められていた許攸は、袁紹を見捨てて曹操に寝返ることを決断しました。

曹操に迎えられると早速に、許攸は曹操に兵糧の蓄えについて尋ねます。曹操は「半年分、一年分は余裕にある」と答えますが、兵糧不足はお見通しと許攸が「袁紹に勝とうとするなら、なぜ嘘をつく」と問い詰めると、曹操はひと月分しかないことを白状します。そこで烏巣（うそう）にある袁紹の補給部隊を襲うことを許攸は提案し、曹操は騎兵で急襲して兵糧を奪ったことから、袁紹は陣を捨てて戦場から離脱せざるを得ませんでした。

後に曹操が冀州を陥落させた時、許攸は「オレのお陰だ」と自慢し、昔ながらの横柄な態度を改めませんでした。やがて我慢の限界に達した曹操は、許攸を処刑してしまいます。

目的を達した後に、用済みとなった人間を粛清することは、曹操の合理的な思考を窺えさせますが、曹操も直ぐに使い捨てにしたのではなく、許攸の言動や態度を問題視し、それを口実としています。ですので、許攸が自分の立ち位置を謙虚に見定めて、人間関係の移り行く新しいステージにおいて、自らギア・チェンジをすることができなかったという訳です。

組織トップの学友や創業メンバーの処世の秘訣が、この許攸のエピソードにあります。

英訳 I will achieve my intended purpose if you, Lord Xu, will come to my side.

部下を必要以上には責めない

09

紹の強きに当りては、孤すら猶お自ら保つこと能わず。而るに況や衆人をや。

【魏書・武帝紀注】

強い袁紹を前にして、ワシ自身もダメかと思った程だ。誰でもそうであったろう。

「官渡の戦い」で勝利を収めた曹操は、袁紹が逃亡に際して投げ捨てていった食糧、武器などの物資と共に、大量の文書も押収します。その文書の中には、曹操の側で仕える者、本拠地の許昌にいる者たちからの手紙が、多数含まれていると報告を受けます。

手紙一通一通を精査すれば、裏切り者や内通者を炙り出す絶好の機会でもありましたが、曹操は本項フレーズを述べるや否や、その中を確かめもせずに全て焼却処分を命じます。曹操の言葉を聞いて、実際のところホッとして首をなでた者が多くいました。

――令反側子自安。（反側子をして自ら安ん令しむ）。

という言葉が『後漢書・光武帝紀』にあります。光武帝劉秀が後漢を建国する前、最大の敵であった王朗が籠る邯鄲を攻略した後、自分の配下の面々が内々に通じて身の保全を図っている手紙を多数押収しました。不安に駆られている者たちが「**寝返りを打たずに安心して眠れるようにしてやろう**」と言って、劉秀は皆の眼前で全て焼却したと記されています。

漢文 当紹之強、孤猶不能自保。而況衆人乎。

光武帝を尊敬していた曹操は、この故事から自分の組織に属するメンバーたちの心を掴む為に、光武帝と同じ行動をとったのでしょう。ここで手紙を証拠にして、怒りに任せて組織の幹部を粛清してしまえば、自分の組織が弱体化することは目に見えていましたので、リーダーたる者として曹操はグッと堪えたのです。しかしながら、ここで曹操の憎いところは、

「自分でさえも、袁紹に勝てるとは思ってもいなかった」

そう言って、組織のメンバーならば、尚更当然であろうとサラリと流しているところです。

曹操と袁紹とは子供の頃からの遊び仲間で、お互いの性質をよく知っていました。袁紹の曹操に対する見方は、「狡賢いがなかなかやるな」といったものですが、曹操は

——吾知紹之為人、志大而智小。(吾、紹の人と為りを知る。志大なれども智小さし)。

「ワシは袁紹の人柄はよく知っている。大志はあるが智慧がない」と指摘し、肝玉が小さく、人を妬み、しかも威厳がないと袁紹について極めて辛辣な評価をしています。

202年に袁紹が病で亡くなり、207年に息子の袁熙・袁尚に勝利した後、曹操は自軍の将兵が略奪した財産や侍女たちを袁紹の未亡人に返還し、袁紹の墓の前で号泣しました。

実は袁紹一族の河北統治はよく民心を得ていましたので、曹操としても袁紹一族に敬意を払う必要があったのでしょう。また曹操の行為を欺瞞だとする指摘もありますが、竹馬の友との決別に際して曹操は、組織のトップとしての虚しさや人生の悲哀をこの時に感じていたのかも知れません。

英訳 When confronted with the strong General Yuan Shao, I could not even protect myself, much less the others.

信頼できるアドバイザーを持つ

10 夫れ世を治め、衆を御するに、輔弼を建立し、誡るべきは面従に在り。【魏書・武帝紀注】

マネジメントに際してアドバイザーを置く場合、面従腹背を警戒しなくてはならない。

204年に冀州牧になった曹操は、布告を出します。そこにはマネジメントの為に心掛けるべきこととして、本項フレーズが記されています。曹操は冀州の役人たちから率直な進言を受けて、マネジメントに役立たせようと望むものの、誰もがトップである曹操の顔色を窺うばかりでしたので、忌憚のない意見を書面にして毎月初めに提出せよと呼び掛けます。

大業を起こす人は、本人の傑出した能力と努力が必要ですが、一人の力では規模は限定的です。他より自分の方が優秀だと自覚があっても、それを噫気にも出さずに、一人でも多くの人財を迎える為に辞を低くして招き入れて、味方にすることがポイントです。

曹操自身は武芸にも秀でており、古典の研究（曹操は『孫子兵法』の注釈者）にも余念がなく、詩作も得意としていましたので、まさに文武両道の優れた人物でした。しかしながら、自分の能力を無駄にひけらかしたり、自慢したりすることはありませんでした。

曹操は30歳を過ぎた頃、大志を心に秘めながら官職を辞し、現在の亳州市内中心から東に

漢文 建立輔弼、戒在面従。

20㎞ばかり離れた所（車で1時間、馬で3時間）に茅屋（跡地に譙陵寺という道教寺院がある）を構えて、3年ばかり読書や狩りをして気ままに過ごしたことがあります。『孫子』をはじめとする兵法書を研究する人生の充電時間となり、そして自分の目的を達成する為に、優れた人財を集めることの重要性に気付いた時期なのかも知れません。

勢いあるリーダーの下で、自らの志を立てようと野心に溢れる人財は、両刃の剣と同じで危険です。側近くに仕えさせれば、如何なるカリスマ的リーダーであっても普通の人間であることに気付かれます。そこで自分も取って代われるのではないかと錯覚と勘違いが生まれますので、面従者は極めて危険な存在です。

日本で言えば、織田信長に仕えて裏切った明智光秀がその最たるものでしょう。「面従」とは、表面的には媚びへつらうように見せることです。感情が顔に出たり、怒ったりする者はその心が分かりますが、笑顔を絶やさない人はその心の内は見透かすことができないので、本当はとても怖い存在です。

三国時代において「面従」していた側近や腹心に殺されたのは、丁原、董卓、張飛あたりでしょうか。戦乱の世で生き残る為には、誰しもが「面従」を第一としました。

そのトップが逡巡する時に、忌憚の無い意見を直言し、迷いを断ってくれる参謀役をいつも自分の傍らに備えていることが重要です。勿論、お世辞や阿諛追従ばかりのお調子者に囲まれているようではダメで、それなりの優れた人物を選別する眼識がなければ、「面従」する碌でもない無能力人間しか集まって来ないことは、言うまでもありません。

英訳 When appointing an adviser, be aware of people who pretend to obey you but intend to betray you.

愚直に人財を追い求める

11 古自り受命及中興の君に、曷ぞ賢人君子の之と共に、天下を治め得ん者を得ざらんや。【魏書・武帝紀】

大昔から創業や中興のトップで、優れた人財と共に組織運営しなかった者がいようか。

210年春、曹操は本項フレーズを始めとする布告を出して、広く人財を募集しています。若い頃の管仲（斉の宰相）のような不実な者であろうが、太公望（周の宰相）のような貧者であろうが、陳平（前漢の丞相）のように女と金に堕落していようが、優れた人財ならば身分の低さを問わずに誰でも採用するとして、

――**唯才是挙。「才能のみが推挙の基準である」**と明快に述べています。

これは功成り遂げてからの綺麗ごとではなく、曹操は若い頃から人財を得ることの重要性に気付き、それを自分の中で大きな方針とし、幾度となく公言しています。

反董卓で挙兵した際、「失敗したらどうしようか」と袁紹が曹操に尋ねたことがあります。曹操は即答せず、袁紹の意見を求めます。すると袁紹は自分の戦略プランを述べます。

「黄河の北の地に拠って北方異民族の力を借りて南進すれば、うまくいくのではないか」

すると曹操は、袁紹に対して次のように堂々と答えます。

漢文 自古受命及中興之君、曷嘗不得賢人君子与之共治天下者乎。

——吾任天下之智力、以道御之。（吾、天下の智力を任じ、道を以て之を御す）。

「世の中の優れた知恵者に任せて、ルールを守らせる」というのです。

——若以堅固為資、則不能応機而変化也。（若し堅固を以て資と為せば、則ち機に応じて変化するを能わずなり）。

「資本を人財としなければ、臨機応変に動けない」と曹操は明言します。214年12月には、**「品行正しい人物は必ずしも行動力があるとは言えず、行動力のある人物は必ずしも品行方正とは言えない」**として、蘇秦（戦国の策士）や陳平のような短所のある名士を登用しないようなことが無いようにと曹操は改めて布告を出しています。

217年6月、特別な能力のある将軍や地方長官の任に相応しい者のみならず、評判が悪かったりバカにされたりするような人物でも、マネジメントを行う才能がある者を知っているならば、漏らさず推挙せよと曹操は更に布告しています。

しかしながら、曹操が心から同じことを何度となく要請しても、優秀な人財は慎重な姿勢を崩さず、なかなか出仕しませんでした。「世の中に人財がいない」とトップは安易に発言してはいけません。単に集まって来ないだけで、人財は必ずどこかに埋もれているものです。

曹操は自分に忠実な「人格者」ではなく、自分の目指す目標の実現の為の「能力者」を求めていました。当たり前のことのように思えますが、実は現代日本においても曹操のような人財登用のやり方はなかなか難しく、やり遂げることができるトップは多くいません。

英訳 Since time immemorial, no leader who has founded or revitalised a dynasty or family has ever managed an organisation without the counsel of a superior body of advisers.

12

適、尉に作可きのみ。

【魏書・武帝紀注】

中間管理職にするのが、ちょうど相応しかったからです。

紀元前204年、項羽によって殷王に封じられた司馬卬の子孫を称する司馬氏は、司隷河内郡温県（河南省焦作市温県）を本拠地とし、肥沃な土地からの収穫で極めて富裕となり、その子弟たちは学問に勤しむ環境に恵まれたことから、多くの優れた人財を輩出します。後漢の征西将軍の司馬鈞を曽祖父、豫州太守の司馬量を祖父、潁川太守の司馬儁を父とする司馬防は、洛陽県令、京兆尹（長安首都圏の長官）などを歴任しました。

184年、司馬防が尚書右丞（副首相級）の時、若き日の曹操を洛陽北部都尉（洛陽北門の警備隊長）に任じ、曹操の武官人生の端緒をもたらしました。この洛陽の都尉時代に曹操は、夜間の取り締まりを厳格にして、宦官や外戚などの権力者の子弟であっても門限を守らない者は容赦なく棒叩きにしたことから、洛陽の人々からの大きな支持を得ました。

二〇余年の歳月を経て曹操は魏王となると、故郷で引退していた司馬防を招き寄せます。

「卿は今でも、ワシを都尉に推挙するかね」

と旧交を温める宴席の最中、曹操は司馬防に嫌味っぽく尋ねます。司馬防が本項フレーズ

漢文 適可作尉耳。

で答えると、曹操は思わず大笑いしたそうです。

この司馬防には、優秀な8人の息子がいました。上から字で呼ぶと伯達、仲達、叔達、季達、顕達、恵達、雅達、幼達と言ったことから、巷の人々は「司馬の八達」と尊敬の念と共に呼びました。この二番目の仲達が、即ち司馬懿です。若い頃から博覧強記で知られ、兄弟の中で最も優れていると評価されていました。どんなに腸が煮えくり返っても、喜怒哀楽の感情を表に出すことがなく、ポーカーフェイスを得意としていたそうです。

司馬懿の評判を聞いた曹操は出仕を求めますが、司馬懿はなかなか応じませんでした。流石の曹操も頭に来て、使いの者に「仕官しないなら殺せ」と命じます。それを察したのか司馬懿は曹操のもとへ参上し、太子であった曹丕の側近役を命じられます。

司馬懿は自分より10歳ばかり年少の曹丕に気に入られ、曹丕の息子である明帝曹叡の代の２３０年には、魏の大将軍に任ぜられます。２３８年に邪馬台国の女王卑弥呼の使者が洛陽に訪れた際、司馬懿も引見していたかも知れません。

曹操が生前「仲達は誰かに仕えるような男ではない」と警戒していた通り、魏という組織の中での政争を勝ち抜き、司馬懿は実質的に魏の最高権力者となります。

司馬懿の孫である司馬炎は、魏から禅譲を受けて、２６５年に晋を建国し、２８０年に呉を平定して三国時代に終止符を打ちました。司馬炎は晋の皇帝に即位した際、２５１年に72歳で亡くなった司馬懿に対して、高祖宣皇帝と追号して祖父の偉業を讃えました。

英訳 A middle-level manager positon would suit you then.

覚悟を決めて仕事をやり抜く

13

死に投じて国の為にし、義を以て身を滅ぼすも、後に垂るるに足る。【魏書・武帝紀】

組織の為に命懸けで正しくやり通せば、後世に自分の生きた証が残るであろう。

人生の大半を曹操は、戦場で過ごしました。つまり、職場で一生を過ごした仕事人間です。昔の将軍や兵士は命を懸けた真剣勝負で仕事に臨みましたので、常日頃から覚悟が生まれ自然と日常生活においても、「歴史観」や「死生観」というものが養われます。

現代の職場はライバル組織との競争がどんなに厳しいものであったとしても、命を失うことはありませんので、決死の覚悟などなかなか生まれ難いものです。だからこそ普段から覚悟が有る者と無い者で、仕事の質や結果が大きく違ってくるようになります。

曹操の若い頃の志は、本項フレーズにあるように、後漢という国家組織の為に身命を尽くして、その組織の中で名前を残すことでした。死後に自分の墓に、

——漢故征西将軍曹侯之墓。

と刻まれることを望んだそうです。曹操は後漢の高官の息子でしたので、一兵卒からでなく将校クラスから軍人になりましたが、それでも最終目的は軍功を重ねて将軍となり、諸侯

漢文 投死為国、以義滅身、足垂於後。

に封じられることでした。現代の組織でいえば、幹部候補生として入り、末は組織の№2や子会社の社長となることを夢見ていたということです。

豊臣秀吉も織田信長の小物だった頃に、天下人になるようなことは夢にも思わなかったそうです。ナポレオンが砲兵少尉だった頃、欧州を席巻する皇帝になるような目標は持っていなかったのと同じです。

眼前の課題をひたすらクリアしていった結果、他人を寄せ付けない高みにまで、気が付いたら昇っていたということでしょう。曹操もまた同じです。

現代日本に生きる人たちは、国や社会の為といった考え方は皆無に近く、自分の所属する組織、即ち会社や団体の為に命懸けで働くといったことも希薄です。

では、仕事人間も現代日本から消え去ってしまって良いのでしょうか。勿論そんなことはありません。現代において認められなくとも、大志を秘めて地道に真剣勝負で仕事を黙々とする人は、人類の文明が続く限り必要です。

現代の日本にこそ、「歴史観」や「死生観」を基盤にした覚悟を持ったリーダーたる者が、必要な時代はありません。

新時代を切り拓くトップの出現が、まさに待ち遠しいところです。

英訳 History will remember those who risk their lives for their organisations and fight for justice.

未来の自分の評価を考える

14 若し天命、吾に在らば、吾、周の文王たらん。【魏書・武帝紀】

もし天命が自分にあるならば、周の文王になろう。

後漢の献帝を傀儡として最高位の丞相・魏王の位にあった曹操は、献帝から位を譲られることをいつでも強要することができる程の権力の絶頂にありました。曹操が魏公、魏王になることを提言した董昭は、更に皇帝に即位することを強く進言します。

――十分天下而有其九。「天下の十分の九まで支配下にある」。

この董昭の言葉に重臣の陳羣、桓階らも皇帝即位を薦めます。しかしながら夏侯惇は、

――能除民害為百姓所帰者、即民主也。（能く民の害を除き百姓の帰せ能すると事と為す者、即ち民の主なり）。

「災害を除き人々の尊服を受ける人物こそ真のトップリーダー」と時期尚早と皇帝即位に反対します。曹操の幕僚の中には、荀彧のように後漢への忠誠心から、曹操の即位には反対していた者もおり、曹操自身にもその気が決して皆無ではなかったでしょうが、無理に皇帝になどならないと本項フレーズで明言します。

周の文王は殷の3分の2の領土を統治しながらも、悪政を敷いた殷の紂王に対して大臣と

漢文 若天命在吾。吾為周文王矣。

して最後まで仕え、息子の武王の代に殷を滅ぼして周を建国しました。これにならって、220年に曹操が亡くなった翌年、曹丕は献帝から禅譲を受けて魏の皇帝となります。

曹操は戦場や宮廷での駆け引きや権力に執着していましたが、プライベートは極めて淡泊でした。古代の世界で権力者に仕えた者たちは、その身分にかかわらず自分たちの主人が亡くなれば、あの世でも引き続きお仕えしなさいと殺害されたり、殉死を強要されたりして陪葬されました。殷や周の時代では、愛妾も愛馬や身の回りの物と共に埋められています。

三国時代でも未だ殉死や陪葬は厳禁されていませんでしたが、曹操は自分の愛妾たちに、

「ワシが死んだら、その方らは皆、再縁せよ。そしてワシの志を他人に伝えてくれ」

と命じています。つまり遠慮なく良い男を見付けて、再婚しなさいと勧めている訳です。曹操という男は本項フレーズのような高邁な志を持って生き抜いたと、後々まで語り伝えて欲しいと曹操は願っていたのです。「死生観」を持つだけでなく、やはり優れたトップは、後世の人間からの評価を鑑みて行動するという「歴史観」が必要なのだということです。

遠く未来における自分の評価について、考えながら日々のマネジメントに従事しているトップが、現代社会にどの程度いるものでしょうか。トップマネジメントにある者は、日々の喧騒の中、自分の墓碑について、少しばかり立ち止まって考える時があっても良いかも知れません。

英訳 If I have the mandate of heaven, I will follow in the footsteps of King Wen of Zhou.

15 葬い畢らば、皆服を除け。

葬式が終わったら、喪服など脱いでしまえ。

【魏書・武帝紀】

「死生観」に続けて、曹操の合理的思考が更に窺える逸話として、曹操はその遺言で自らの葬式は簡素に行って、墓も質素なもので良いと明言していることです。

世界中の帝王や貴族の墓は、その埋葬品を目的にした盗人によって盗掘されてしまうのが普通です。困窮した戦乱の時代では、特に墓の盗掘は生活の為によくなされました。

曹操は戦場へ赴く途中などに、墓が暴かれて宝飾品を奪われて、遺骸が放り捨てられているのを目にすることがあったのでしょう。205年、曹操は薄葬令を出しています。

「昔の墓は必ず痩せ地につくったものだ。西門豹の祠の西の原っぱにワシの墓をつくれ。高いところをそのまま土台にして、土饅頭はつくらず、樹も植えずとも良い」

と生前に自身の墓陵について定めています。220年1月、曹操は66歳で亡くなります。2月に曹操の本拠地であった鄴の南西に、生前に指定した通り高陵へ葬られました。

――天下尚未安定。（天下、尚未だ安定せず）。

「世の中は未だ安定していない」と曹操は臨終に際して言ってから、本項フレーズを遺し、

漢文 葬畢皆除服。

「武官は持ち場を離れてはならない。文官は仕事を続けよ。遺体は金縷玉衣（薄く削ったカードサイズの宝石を金の糸で縫い合わせてつくった遺体をすっぽり覆った死装束）ではなく、普段の服を着せ、金や宝を副葬することなく簡素に自分を葬ってくれ」と命じました。

曹操の墓は長らくその所在が不明でしたが、２００８年12月、河南省安陽市の西北15㎞の地点で、後漢時代の墳墓が発掘調査されました。その前年に摘発された盗掘団が、大規模な盗掘を行っていた墓です。

長さ39・5ｍで幅9・5ｍの巨大な墓道を含めた墓全体は７３６㎡で、墓道の最深部の墓室は地表から15ｍといった規模は、後漢の帝王クラスと推定されました。また60歳代の男性の頭蓋骨の一部が発見され、「魏武王」と曹操の諡号を記した石碑と石枕など8点を含む４００点の遺物が出土した為、発掘当初から曹操の墓ではないかと話題となっていました。

発掘後も懐疑的な意見も多くあり、怪しいとさえ強く批判されましたが、２０１０年４月に曹操の墓と正式に断定され、更に河南省文物考古研究所により60歳代の男性の遺骨は、『三国志』に記された年齢と一致していることから、曹操その人で間違いないと発表されました。盗掘されていたからではなく、まさに曹操が望んだ通りの薄葬の墓でした。

▲発掘された札
「魏武王常所用挌虎大戟」

英訳 Discard mourning clothes immediately after the funeral.

コラム　三国志余聞④

曹操の尊敬した西門豹

漢籍、即ち中国の古典に精通した曹操は、『史記』や『韓非子』で西門豹（せいもんひょう）に出会ったはずである。「西門」は中国では珍しい二字姓で、名が豹、中国の戦国時代の魏の政治家で、鄴を治めた。後に鄴を都にした曹操は、幾ばくかの縁を感じていたのかも知れない。

西門豹は、黄河や漳（しょう）河から運河を引く灌漑の大工事を行って、鄴一帯に大繁栄をもたらした能臣である。西門豹が灌漑事業を行うにあたって、河川工事に躊躇する農民たちの迷信を打破した面白い逸話（エピソード）がある。

農民たちは、川に住む神である河伯に差し出す為に、若い娘と多額の金銭を巫女や地元の長老、役人に毎年送っていた。これによって、生活に困窮する者も多く、年頃の娘がいる家は村から逃げ出し、田畑が荒れる始末だった。赴任したばかりの西門豹はこれを聞くと、河伯の儀式が行われる日に現場を訪れ、河辺に巫女たちや大勢の見物人を前にして、

「河伯の嫁が、どれ程に美しいか見てみたい」

と大声で言うや、生贄となって河に投げ込まれる娘を連れて来させた。すると西門豹は、

「これは器量が悪い。ダメだ」と首を振った。

「河伯に相応しい良い娘を探して参るので、しばしお待ち願いたい」

という伝言を河伯へ頼むと巫女の老婆に命じるや、河の中へ放り投げさせた。河辺で西門豹はその帰りを待ち、やがて、

「帰って来ないから、お前が様子を見て参れ」

と言って、他の巫女たちを次々に河に放り込ませた。更に長老たちも河へ沈めたものの、誰一人として戻らないことから、小役人たちに向かって西門豹は命じた。

「どうもおかしい。お前たちが迎えに行け」

小役人たちは平伏して許しを請うた。

「河伯は客に満足されて、帰す気がないらしい。

皆もう家に帰って良い。まだ儀式を行いたい者がいれば、申し出よ」

と西門豹が宣言すると、集まっていた農民たちは度肝を抜かれながらも西門豹に感謝して、灌漑工事に精を出したという。

ある時、西門豹が不正蓄財をしていると魏の文侯に訴える者があり、文侯は西門豹を免官しようとした。

「私が誤っておりました。心を入れ替えますので、再度のチャンスを下さい」

文侯は西門豹を哀れに思って解任を撤回した。鄴に戻った西門豹は農民に重税をかけて、せっせと文侯の取り巻きに賄賂を贈った。そして西門豹が文侯のもとに報告へ行くと、城門の前で文侯が出迎えて西門豹を褒め称えた。

「トップの為に全力で治めましたが、解任されそうになりましたので、取り巻きの方々の為に治めましたら、お褒めに与りました。私は誰の為に働いているのか分からなくなりましたので、お役目は返上致します」

と西門豹は告げて、どこへともなく立ち去ってしまった。文侯は自らの不明に気付いて西門豹を探させたが、その行方は知れなかった。

西門豹の灌漑工事のお陰で鄴は後々まで大いに栄えたことから、西門豹の祠が河川敷に多くつくられた。曹操は遺言で、

「ワシが死んだら、西門豹の祠の西側に葬れ」

と命じた。自分と同じく迷信を打破する合理的な西門豹に対して、曹操は尊敬と共に親近感を持っていたのであろう。曹操が能臣であったら、まさに西門豹のようになっていたに違いない。

▲西門豹の祠（河南省安陽市）

如何に必勝パターンをつくりあげるか

16

故(ゆえ)に毎(つね)に戦(たたか)えば必(かなら)ず克(か)ち、軍(ぐん)に幸勝無(さいしょうな)し。

【魏書・武帝紀注】

それ故に戦えば必ず勝ち、まぐれ勝ちというものがなかった。

184年に「長社(ちょうしゃ)の戦い」で黄巾軍を破った初陣から、219年の死の前年に漢中を巡っての劉備との戦いまで、曹操は凡(おおよ)そ四十数度にわたって様々な敵対勢力と戦いました。

本項フレーズによると曹操は、百戦百勝の「常勝の天才」と思いがちですが、流石の曹操でも生涯で四回の敗戦があります。190年の董卓軍の先鋒である徐栄(じょえい)に大敗北した「滎陽(けいよう)の戦い」、197年の「宛城(えんじょう)の戦い」、208年の「赤壁(せきへき)の戦い」、そして219年の「漢中の戦い」です。勝敗のつかなかった戦いもありますが、凡その勝率が9割ですので、単に強運に恵まれたからという理由だけでは得られない素晴らしい戦績です。

孫権はその治世下で18勝2敗4分で、勝率は凡そ7割、劉備は13勝12敗で勝率は5割でした。曹操や孫権の半分の勝率にもかかわらず劉備が生き残れたのは、ここぞという踏ん張り所で、ギリギリながらも勝ちをうまく拾ったからでしょう。

西洋に目を向ければ、「常勝の天才」と言えばナポレオンを思い出します。ダヴー、マッセナ、ランヌ、ネイ、ミュラー、スーシェといった多くの有能な元帥・将軍を従えていました。当

漢文 故毎戦必克、軍無幸勝。

時は金で雇われた傭兵、つまり非正規社員やアルバイト兵士による軍隊が主流の中で、ナポレオンは国民軍と称した徴兵、つまり正社員による集団を組織しました。フランス国民を国土防衛、国益の拡大という大義名分で集めた同志的な軍団でしたので、極めて精強でした。ナポレオンは生涯で38勝3敗と言われていますので、勝率は9割以上です。

戦って負けないということは、イチかバチかの勝負を戦場でしないからです。既に勝てる状況を事前につくりあげてから、最後に兵を動かすから勝つのであって、戦場で形成逆転を狙う乾坤一擲の戦い方では、せいぜい勝率は3割程度でしょう。

組織のトップは勝利する為に、危機を予測して変化に対処するべく、優れた人財に対策を常に立てさせるのが役割です。

本項フレーズに続けて「**人物を見分ける目が鋭く、偽物に目をくらませない**」と曹操は評されています。人財の本物と偽物を見分けて任用することこそが、トップの第一任務です。人間を言動や表情からその本質を見抜く能力を磨く機会が、若い頃から豊富にあったのでしょう。宦官の家に生まれたことから、曹操は同時代のリーダーが持つ常識、先入観、固定観念に囚われない柔軟な発想と思考を育むことができたのでしょう。物事の真贋を見抜くには、自らの狭量な「思い込み」を徹底的に排除することに尽きます。

組織のトップは深い洞察力を養って、人を見る目を持つことを心掛けると共に、併せて「**先見の明**」を養うことによって、負ける危機に誘い込まれないようにすることが肝要です。

英訳 That is why Cao Cao wins by any means necessary whenever he fights; there is no such thing as a chance victory.

努力によって頂点を極める

17 抑(そもそ)も非常(ひじょう)の人(ひと)、超世(ちょうせい)の傑(けつ)と謂(い)うべし。

【魏書・武帝紀】

そもそも並外れた人間、時代を超えたヒーローでした。

文武両道の非凡な才能を発揮した曹操について、『三国志』の撰者(せんじゃ)である陳寿(ちんじゅ)の評が本項フレーズです。確かに220年に亡くなった曹操が、1800年後の現代人と同じような合理的思考を持ち、優れたリーダーシップを兼ね備えていたというその魅力に改めて驚きます。

曹操の優れた点を端的に説明するとすれば、「領地や城、財宝」といったハードパワーでなく、優れた「人財の知恵」といったソフトパワーを重視したことでしょう。

曹操は当時では最も身分の高い階層に属していましたが、「濁流(だくりゅう)」と見なされた宦官の孫でしたので、「清流(せいりゅう)」と呼ばれた正統派の高官たちの子弟、即ち名門出身の袁紹のように、一族に要職に就く者が多数いる以外にも、様々な扶助や便宜によって推挙した恩顧の者たちからなる巨大ネットワークを持つ名士(エリート)一族とは一線を画していました。

養祖父の曹騰もその人格と努力によって時代の流れに乗り、宦官の世界でトップに昇り詰め、父の曹嵩も高潔な人格を見込まれて、曹騰の養子になって官僚の世界でトップを極めました。

漢文 抑可謂非常之人、超世之傑矣。

曹操は人間というものは血統主義ではなく、個人の才覚による実力主義でなくてはならないこと、本人の努力によって人は成長すること、大業を成す為には大勢の人の英知を集めること、曹操はこれらのことが重要であることに、早くから気付いたのでしょう。

――吾預知当爾、非聖也、但更事多耳。（吾預め当たるを知るのみ、聖に非ず、但更事多し）。

曹操は自分が神のような**「先見の明」**を持つと人々から尊敬されているが、単に経験豊富なだけだと晩年に謙虚に語っています。ただ曹操は質実剛健で、他の誰よりも勉強家でした。

――昼則講武策、夜則思経伝。（昼は則ち武策を講じ、夜は則ち経伝を思う）。

戦場においては昼は策を練り、夜には詩作が湧く度に竹簡に記した文武両道の人物です。

曹操はいつも冗談をよく言って、軽薄の誹りを受けることがあったそうです。重臣たちと宴会の際、腹を抱えて大笑いをした時などは、テーブル上のスープの中に、頭の上に付けている冠を突っ込ませてビショビショにしてしまったりして、聖人君子を気取らない人間臭さは、現代の組織においても優れたトップたりえるのではないでしょうか。

曹操は冷静で決断力があり、感情をコントロールでき、合理的な思考を身に付けた人物でした。そして、自分より優れた人財に常に敬意を払って、その意見に素直に耳を傾ける才能で、自らが運を呼び込んで人生を切り開き、天下にそして後世にまで名を轟かせるリーダーとなりました。現代組織のトップも、曹操に少しでもあやかって損なことはないでしょう。

英訳 First of all, Cao Cao was an extraordinary human being, a larger-than-life hero.

コラム　三国志余聞⑤

小男で頭痛持ちの曹操

曹操が小男だったことは、史書にも記されていてよく知られている。2008年に河南省安陽市で発見された曹操らしき帝王の墓にあった男性の頭蓋骨から、155センチほどの身長であったことが推定されている。

曹操はかなり酷い頭痛持ちで、頭を冷やす為に愛用した石製の枕も残っている。その死因も脳腫瘍ではないかと推定され、癲癇持ちであったのではないかとも指摘されている。癲癇は脳細胞に異常な神経活動を起こすことによって発作症状を伴うものの、抜群な閃きやシャープな頭脳の持ち主となる傾向がある。歴史を紐解けば、ソクラテス、アレクサンダー大王、ユリウス・カエサル、ナポレオン・ボナパルトなど偉人たちの名前が列挙される。

鷹狩や闘犬にうつつを抜かしていた若い頃、曹操の叔父は惣領息子と一族の将来を案じて、何度となく父親の曹嵩に告げ口をするので、困った曹操は一計を巡らせる。

ある日に道で叔父に遭遇した際、突然故意に顔をゆがめて口をすぼめ、泡を吹き、中風の発作を起こして倒れ、叔父に助けを求めた。叔父は慌てて曹嵩に伝え、父も心配するが、やがて曹操は普段と同じような顔をして現れ、中風の発作を案じた父が尋ねると、曹操は、

「中風ですか？　叔父貴は、あることないこと言って、私を非難するので困っています」

と説明するや曹嵩はその叔父の告げ口を一切信用しなくなり、曹操は更に勝手し放題をするようになったという逸話がある。

よくよく考えると、曹操は癲癇の発作を実は起こしていて、たまたまそれを目撃した叔父の反応を逆手にとって、父と叔父の信頼関係を離間させたのではないだろうか。中風を演じたというよりは、もともと癲癇発作を起こしていたとすれば納得しやすい。

▲巨大な曹操像（河南省許昌市）

▲安徽省亳州市にある曹操が20代で隠遁した際の茅屋跡

▲鄴の都跡（河北省邯鄲市）

▲馬上の曹操像（河南省許昌市）

トップの合理的な死生観

18

死すれば唯だ一棺の土。

【魏書・文帝紀注】

棺桶の土になるだけだ。

曹操の息子である曹丕は、曹操の優れた特質を見事に受け継いだトップの器の持ち主で、古今東西においても稀なる優れた二世経営者の見本です。

「関ヶ原の戦い」に勝利した後、徳川家康が自らの後継者として、秀康、秀忠、忠吉の三人の成人男子の誰を選ぶかに頭を悩ましたのと同じく、曹操も曹丕、曹彰、曹植の三人の同母・卞夫人から生まれた息子の誰を選ぶかで、悩んだことはよく知られています。曹操の優れた智略を受け継いだ曹丕、勇猛果敢さを受け継いだ曹彰、巧みな文才を受け継いだ曹植の三人の誰もが、一芸に秀でた曹操の自慢の息子です。

徳川家康は自ら征夷大将軍となって江戸幕府を開き、太平の世を目指したことから、武将として優れた秀康や忠吉でなく、他の兄弟と比較して大将としての力量はやや欠けているものの、温厚で真面目な秀忠を選びました。大坂城に豊臣家は残っていましたが、天下をほぼ手中に収めた家康は、平時のマネジメントに長けた人財を後継者にした訳です。

一方の曹操は天下の七割を掌中に収めた覇者でしたが、経済的繁栄を謳歌する江東を治め

漢文 死唯一棺之土。

る孫権、しぶとく生き残る益州の劉備といった強力な敵対勢力が存在することから、自分と同じ智謀に優れ、乱世のマネジメントに秀でた曹丕を最終的に後継者に指名しました。

　常々曹操は「自分は周の文王と同じであればよい」と明言し、傀儡（かいらい）としていた後漢の献帝を廃して皇帝位を簒奪する噂を常に否定していたことは14項で触れましたが、この言葉は裏を返せば自分の息子が、殷の紂王を討って周を建国した武王（文王の息子）になれば好（よ）いと考えていた訳です。文人としては息子より上の曹操の諡号（しごう）は、皮肉にも「武帝」、曹丕の諡号は「文帝」であり、周の文王・武王親子とは逆になっています。

　曹丕が父の曹操の資質や性格を受け継いだ極めて似た親子であると断言することができるのは、二人とも美人好きで文才があったことです。そして本項フレーズは、曹丕が曹操と同じ合理的な思考の持ち主であることを明確に表しています。疫病が大流行した時、王朗（おうろう）に宛てた手紙の中で曹丕は、本項フレーズを記して自らの「死生観」について述べています。

　動乱の時代に多くの死線を乗り越えて、生き残った者だけが至る境地なのか、曹操や曹丕の「死んだらお仕舞い」といった考え方は、一千年以上の時を超えた織田信長や勝海舟の合理的なリーダーたる者の思考とも似ています。

　とある調査によれば、魂の輪廻転生について、現代の日本では4割、アメリカでは3割、中国では1割の人が信じているそうです。

英訳 Human beings only return to the earth upon their deaths.

19 走るに之を追わば、逸を以て労を待つ、全勝之道なり。

退却するのを追えば、元気な兵で疲れた兵を討つことができる。これが勝利の秘訣だ。

【魏書・明帝紀】

226年5月に40歳で魏の文帝曹丕が崩じて、魏の2代目皇帝となったのが明帝曹叡です。皇帝に即位するや否や、直ちに母親の甄氏の名誉回復を行って、「文昭皇后」と皇后位と諡号を追贈しました。母は曹叡が16歳の時に、文帝曹丕の怒りに触れて死を賜っています。

明帝曹叡は、美人で知られた母に似て大変に美形の長身で、床につく程の美しい長髪を持ち、重臣たちが安易に声を掛け難い威厳と風格を若いながらも備えていたそうです。

母は曹丕の側室になる前には、袁紹の息子である袁熙の妻でしたので、体格がよく風采の良かったと伝わる袁紹の血を曹叡は引いているのではないかという疑念が常について回りました。母の死後は微妙な立場に置かれ続け、父の文帝曹丕は風邪をこじらせて死ぬ間際まで、後継者をなかなか指名しなかったことから、曹叡は緊張感のある中で成長した訳です。

「明」という諡号は、明敏な頭脳を備えて優れた政治を行った人物への美諡だけに、まさに曹叡は極めて賢いトップでした。祖父である曹操が注釈を付けた『孫子』などの書物からよく

漢文 走而追之、以逸待労、全勝之道也。

学んでいたので、実戦でのトップとしての振舞いも心得ていたのでしょう。

２２８年の諸葛亮による初めての「北伐」の際、明帝曹叡は洛陽から長安に親征し、**「街亭の戦い」**では、前線から続々と寄せられる報告を聞きながら、蜀から山越えをしてようやく出て来た諸葛亮に対して、

――知進而不知退。（進むを知りて退くを知らず）。

少し誘い込めば相手を罠に掛けることができると喝破して、魏は蜀の撃退に成功します。以後、諸葛亮の五度にわたる「北伐」を防いだのは、明帝曹叡が父祖以来の古参の将軍を信頼して、よく使った成果でもあります。２３４年に司馬懿が諸葛亮と五丈原で対峙している時など、的確な命令を手紙にして前線の司馬懿に与えてもいます。

「守りを固めて敵の意気を挫き、持久戦に持ち込めば、諸葛亮は蜀に帰るしかないであろう」

と記してから、本項フレーズで撤退する敵を追撃して殲滅せよと指示しています。

２３４年に諸葛亮が亡くなると、外圧を封じた自信と安堵から気が緩んだのか、曹叡は奢侈快楽に走り、宮殿を幾つも造営して国費を浪費します。その僅か5年後の２３９年、34歳で若死してしまいます。もう少し長生きしていたら、明帝と呼ばれるような善政の記憶も残されなかったかも知れません。

曹操に「太祖」、曹丕に「高祖」と廟号を定めた明帝曹叡は、「烈祖」と生前に自らの廟号を例外的に決めていましたので、そんなに長い生涯を送るつもりがなかったのでしょうか。

英訳 Anyone can defeat an exhausted enemy by using energetic soldiers to drive the enemy to retreat. This is the essence of victory.

質素で堅実を心掛ける

20 故に其の中なる者を取れり。

【魏書・后妃伝】

ですので、中間の物を選びました。

曹操の正室または側室として認められる女性は、13人を数えます。しかしながら、中国のみならず世界中の英雄や帝王と比べれば、比較的に少ない方かも知れません。曹操は子連れの美しい未亡人が好きだったのか、何進の息子の嫁の尹氏と、堅物とされる関羽も欲しがったという秦宜禄（呂布の副将）の夫人である杜氏をモノにしています。この時代にもかかわらず曹操が偉いのは、尹氏の連れ子の何晏、杜氏の連れ子の秦朗を引き取って自分の養子とし、実子の曹丕らと同様に一緒に育てたことです。実際に曹操は、「ワシのように連れ子を可愛がる義理の父親はいないだろう」と自画自賛しています。また袁紹の息子である袁煕の夫人甄氏は、絶世の美女と名高く、当時の袁氏の本拠である鄴を落とした際に、息子の曹丕に先に取られてしまって悔しがったという話があります。

197年に曹操が南陽郡に侵攻した際、賈詡の進言に従って張繍が曹操に降伏します。しかしながら張繍は、叔父の未亡人と懇ろになっている曹操を奇襲し、曹操は長男の曹昂や甥の曹安民に加えて勇将の典韋まで失ってしまいます。実のところは張繍の仕組んだハニート

漢文 取其上者為貧、取其下者為偽、故取其中者。

ラップにかかったのかも知れませんが、女にうつつを抜かして長男を亡くすという大失態を晒した曹操に愛想をつかして、正室であった丁夫人は実家に帰ってしまっています。

丁夫人の後に曹操の正室の座に収まったのは、卞夫人でした。元々は歌の上手い美しい娼妓で、20歳の時に曹操の側室となった卞夫人は、倹約家で華美を好まなかったそうです。日本の明治の元勲である伊藤博文、木戸孝允、陸奥宗光たちの夫人が、芸妓出身であったことを考えると、そんなに違和感がありません。

銀座のクラブのホステスと言えば、かつては蝶よ華よと贅沢なイメージがありましたが、堅実で真面目な女性があの世界では成功するものです。卞夫人も美人ながらも、控え目で非常に賢い女性だったようです。

ある時、曹操に立派な耳飾りがいくつか献上されました。曹操は卞夫人に好きな物を選びなさいと言うと、最も高そうでも最も安そうでもない程々の物を卞夫人は選びました。曹操は感じるものがあったらしく、どうしてこれを選んだかと問い質します。

「高価な物を選べば欲深いと思われるでしょうし、安価な物を選べば痩せ我慢したと思われるでしょうから」と述べてから、本項フレーズで答えました。

曹操は身内の女性たちには、絹に刺繍を施した華美な服装を許さず、屏風や帳も壊れたら補修をしたり、布団も暖かければ良いと節約第一を図ったそうです。曹操は質実剛健であったのか、単に倹約家であったのか、果たしてどちらであったのでしょうか。

英訳 That is why I select the average quality product.

節義を全うして生きる

21 怒りて容を変えず、喜びて節を失なわざるは、故より是れ最も難しと為す。【魏書・后妃伝】

怒っても顔色を変えない、喜んでも節度を失わない。なかなかできないことである。

曹操との間に曹丕、曹彰、曹植の三人の優れた息子に恵まれた卞夫人は、徐州琅邪郡開陽県（山東省臨沂県）の人で、曹操の故郷である譙で見出されました。一番上の息子の曹丕が曹操の後継者に選ばれた時、女官たちが卞夫人にお祝いの言葉を述べる中、あくまでも自分の夫である曹操が、最も相応しい後継者として一番年長の曹丕を選んだだけだと前置きして、

——我但当以免無教導之過、為幸耳。（我但だ当に教導の過ち無きを免るるを以て、幸いと為すべき）。

「**自分の教育に誤りがなければ幸いです**」と述べて、祝宴など開くつもりはないと明言します。それを女官から聞いた曹操は、本項フレーズで満足気に卞夫人の性格を評しました。

オフィシャルな史書に、英雄である曹操の惚気の言葉が堂々と記されている訳ですが、曹操という人は、組織マネジメントの為に優れた人財を熱心に集めましたが、ウチのマネジメントの為にも優れた人財を集めていたようです。曹操がリーダーとしてだけでなく、普通の

漢文 怒不変容、喜不失節、故是最為難。

人間としても実に魅力的な人物であったという証左ではないでしょうか。

便宜的に卞夫人と記しましたが、219年に曹操が魏王に進んだ時に「夫人」から王后となり、曹操が亡くなると王太后となりました。220年に曹丕が皇帝として即位したので、卞夫人は皇太后となり、更に226年に曹叡が即位した時には太皇太后（たいこうたいごう）となります。

2009年に河南省安陽市で発見されて曹操の墓と認定された高陵（こうりょう）には、曹操の頭蓋骨の一部のほかに、二人の女性の遺骨も発見されました。明らかに生前は美人であったろうと考古学者に言わせしめたその遺骨の一つは20歳前半、もう一つは壮年の女性と判定されたことから、若年の方は曹操の最初の正室である劉夫人、壮年の方は卞夫人のものとされています。

さて、皇帝となった息子の曹丕が病に倒れた時、卞皇太后が見舞いに訪れた際の逸話（エピソード）が残されています。曹丕の宮殿に入るや曹丕に仕える女官たちの顔を見て、卞皇太后は言葉を失います。曹丕の側室たちは、全て曹操の後宮にいた女性たちでした。呆れた卞皇太后は、

「お前たちはいつから皇帝にお仕えか」と尋ねます。

「先帝（曹操）が亡くなってから直ぐにです」との答えを聞いた卞皇太后は、息子の病が心配で駆け付けましたが、そんな不義の行いをする親不孝者ならば天罰も当然だと激怒して、息子の顔も見ずに踵（きびす）を返して帰ってしまいました。そして曹丕が死ぬまで、卞皇太后は二度と見舞いに訪れることはなかったそうです。卞皇太后は節義を弁えた人でした。

曹丕は曹操の優れた資質だけでなく、その性癖までもよく受け継いでいたようです。

英訳 Whether she is angry or happy, the most difficult thing for her is to maintain her composure.

22 夫れ権は機を失わず、功は速やかに捷つに在り。

機を逃さず、速やかに動くことで、成功を収めることができます。

【魏書・袁紹伝注】

魏の実質的建国者である曹操は、200年の「官渡の戦い」に勝利するまで、河北四州の支配者である袁紹に対して、かなり劣勢の立場にありました。広大で豊かな領地だけでなく、優れた人財が袁紹のもとに雲霞の如く集まっていたからです。

袁紹は曽祖父の代から後漢の重臣となる人物を何人も輩出する名門だけあり、大きな人的ネットワークがありました。袁氏に推挙を受けて仕官したり、要職に就いたり、失脚の危機から救われたりした者たちが、後漢の高官の中には大勢いました。

また若い頃の袁紹は非常に謙虚で腰が低く、気風の良い粋な男たちと積極的に交際をして人脈づくりに励んだことから、後漢末の混乱に終止符を打つ新しいリーダーとして期待されて支持する者が多くいました。

190年に都から遠い東の渤海郡（河北省滄州市）で、袁紹が董卓打倒の兵を挙げた際、隣の冀州牧である韓馥も同調します。当時の袁紹は物資の調達がままならず、韓馥に頼って

漢文 夫権不失機、功在速捷。

いました。冀州は武装兵100万、兵糧は10年分あると言われた豊かな地でしたが、慎重派の韓馥は袁紹の一族に推挙されて後漢の官僚となったこともあり、袁紹に遠慮があったのでしょうか、調略によって冀州の地を簡単に袁紹に譲ってしまいます。

その韓馥に仕えていた沮授（そじゅ）が、袁紹に召し出された時、次のように進言します。

「冀州を手に入れて天下に名声が響いた今、黄河の北にある四州を平定し、優れた人財を集めて強力な兵力を背景にして、天子を長安より迎えて天下に号令を掛ければ、戦場で歯向かう者などはいなくなるでしょう」

これを聞いた袁紹は「我が意を得たり」と喜んで、沮授を直ちに監（かん）軍・奮威（ふんい）将軍に任じて、自らの参謀役（アドバイザー）に取り立てます。やがて河北四州を手中に収めて勢いに乗った袁紹は、鄴（ぎょう）（河北省邯鄲（かんたん）市郊外）を本拠地と定め、後漢の献帝から大将軍・鄴侯に封じられます。

――今こそ後漢の皇帝を迎えることは最高の正義であり、最大のチャンスです。

と述べてから沮授は、本項フレーズで先手を打つ者が出る前にと行動を促しました。しかしながら、袁紹は沮授の献策を退けます。董卓の擁立した献帝の正当性に対して疑義を呈していた袁紹は、後漢の皇帝の権威など必要ないと慢心していたからでしょう。その隙に、献帝はライバルの曹操に迎えられてしまいました。

大きな経営目標を抱きながら、一定レベルで成功を収めてしまうと、何かと理由を付けては当初の大志を忘れて、「お山の大将」に甘んじてしまうトップは現代でも少なくありません。

英訳 Victory is yours if you move fast and do not miss the opportunity.

大事業を成し遂げる為の大志

23

兵、義なれば敵無く、驕者は先ず滅ぶ。

【魏書・袁紹伝注】

大義名分のあるメンバーならば大成功しますが、驕り高ぶる者ならば滅亡あるだけです。

沮授は大業を成す為には「正統性」の確保、「大義名分」の標榜、「人々の支持」の獲得が必要であると常に袁紹に諫言していました。現代でも成功の為の三要素です。

——混乱を救い暴虐を懲らしめるのを義兵と呼び、人数頼みで武力だけに依存するのを驕兵と呼びます。

こう前置きしてから本項フレーズで沮授は、公孫瓚を破って幽州（北京市・河北省）を併合し、一気に曹操を攻めようとする袁紹へ警鐘を鳴らします。しかしながら、沮授の提言を慎重論として反対する審配と郭図の意見を採用した袁紹は、出兵を決断します。

「曹操には優れた戦略があり、皇帝を擁している。我が方は公孫瓚に勝ったばかりだが、将兵は疲れている上、袁紹自身が驕り高ぶっている。我が軍は敗北する」

と沮授は弟に心中を吐露しました。皇帝の命を奉じた曹操にはよく訓練された精鋭の兵があり、袁紹軍が如何に多勢であっても大義名分がなければ敗北するという訳です。

後漢の霊帝の時代に、袁紹や曹操と同じく「西園八校尉」という8人の気鋭の青年将校に

漢文 兵義無敵、驕者先滅。

選ばれた趙融（ちょうゆう）という人がいました。河北四州を支配下において意気軒高の袁紹が、自領内に住む賢者を招き入れながらも、形ばかりの厚遇しかしない姿を見た趙融が指摘します。

「大志あるトップは、優れた人財の希望です。大業（ビッグビジネス）を成そうとするトップは、人々の支持を失わないようにしなければなりません。さもなくば、事を成すのは難しいでしょう」

確かに若き袁紹は胸に大志を秘めており、大将軍の何進の副官として、後漢の宮廷を牛耳っていた宦官を皆殺しにする行動力も備えていました。更に董卓が権力を握って袁紹を厚遇しようとした時でも、「董卓に正義なし」と誘いを蹴って出奔した程の気概も持っていました。

また192年に袁紹が公孫瓚と戦った際、2000騎の敵に少数の護衛と共に包囲された時、参謀役（アドバイザー）の田豊が袁紹を物陰に隠そうとした時、袁紹は兜を地面に叩きつけて、

――戦って死ぬのは武人として当然、垣根に逃げ込んでまで生き延びたくない！

と叫んで敵前に飛び出して戦っているうちに、味方が駆け付けて救出した逸話（エピソード）もあります。

しかしながら、勇敢で優れた器量のあるリーダーであった袁紹も、権力を握り始めて組織が大きくなるのと反比例するかのように、段々と謙虚な姿勢と優れた才能を失います。

現代においても、ベンチャーの時には人柄も良く腰の低かった気鋭の若手経営者が、時流に乗ってマスコミに注目されるようになると生活も派手になって、言動が変わって傲慢になり、その経営判断にもシャープさが無くなるようなことはよくあることです。

英訳 Soldiers with just causes will be invincible; soldiers with arrogance will be extinct.

24

トップは戦術に口出しするな

勝負には変化あり、詳らかにせざる可からず。

勝負というものは変化するものなので、詳細まで決めてかかってはいけない。

【魏書・袁紹伝注】

「戦略」「戦術」「戦法」の違いを明快に定義した言葉として、次の言葉が有名です。

――戦略による過ちは戦術によって補い難く、戦術による過ちは戦法によって補い難い。

これはてっきり孫子やシーザー、ナポレオン、クラウゼヴィッツの名言かと誰もが思うはずですが、実は出典が不明です。帝国陸軍参謀本部製かも知れないのは、悲運の大本営参謀と惜しまれた堀栄三が、その回顧録ともいうべき著書で、この言葉を述べているからです。「一つの戦略下で戦術や戦法はいくら変更しても良いが、戦法の局面が幾ら不利でも戦術や戦略に逆らってはいけないし、戦法の都合に合わせて戦略を変更しては絶対にいけない」

トップの意思決定こそが、如何に重要であるかという絶対的な真理を説いています。

取締役会で決めた社長方針が誤っていれば、部長がどんなに頑張っても補えませんし、ヒラ社員が奮闘しても挽回は不可能です。組織において戦略を最終的に決めるのは、戦争でも企業経営でもトップです。このトップの戦略が間違った場合、いくら優秀な戦闘力、つまり

漢文 勝負変化、不可不詳。

営業力をもってしても補うことはできないということです。

頭脳明晰で弁も立つトップは、自ら立案した戦略を確実に実行させる為に、あれこれと細かなことにまで頭の中で想定して、戦術や戦法まで決めてしまいがちです。しかしながら、戦略を決めたトップが戦術に口出しをしてはいけない理由が、本項フレーズには明確に記されています。この言葉で沮授は、袁紹を諫めています。

トップの責任は、誤った戦略を採用しないことに尽きます。そしてまた、撤退も戦略の一つであることを理解する必要があります。ところが、対外的な見栄や自己のプライドから、この決断時期を誤るトップが多いのも現実です。異論や反論を聞く余裕を持ち、トップ自身が「裸の王様」にならぬよう自覚することの重要性を学ばなくてはなりません。

袁紹は**「官渡の戦い」**において、曹操と最終段階での決着をつける際、十倍の兵力を有していることから、圧倒的な力で絶対的な勝利を確信して、全軍に総攻撃を命じます。大軍でも大勝負に出るのは時期尚早として、まずは一軍を先鋒として突撃させてリスクヘッジをしてから、慎重に最終決戦に挑むべきだと命令撤回を沮授は進言しますが、袁紹は退けます。

袁紹軍が大敗すると沮授は、曹操軍に捕らえられます。曹操は旧知の沮授を昔から高く評価していましたので、参謀役（アドバイザー）に迎え入れようと説得を試みます。沮授は曹操に仕える気持ちを全く示さず、隙を見て逃亡を図りますが、追っ手に捕まって斬られます。己の信念や節義を最後まで曲げずに殉じた「烈士（ヒーロー）」として、沮授は後世にまで名を残すことになりました。

英訳 Games of chance bring about unexpected changes; thus, you must never presume their results.

虚心坦懐になれないトップの愚

25 故に君は才を審かにすることを貴び、臣は主を量るを尚ぶ。

【魏書・袁紹伝注】

トップにとってメンバーの才能を見分けることが大切であり、メンバーはトップの器量を見定めることが大事である。

袁紹の幕僚であった荀彧と郭嘉の二人は、袁紹の心の狭さを見抜いて、早々と見切りをつけて曹操のところへ転職します。この二人は曹操の組織におけるツートップとなり、参謀役として優れた業績を挙げます。

最後まで袁紹を裏切ることなく仕えたのは、沮授と田豊の二人の参謀役です。

「曹操は将兵を巧みに操り、様々な戦法を駆使します。兵数が少ないとはいえ、侮ることはできません。持久戦に持ち込めば、相手は疲弊するので、二年もしないうちに勝利を得ることができるでしょう」

沮授と同じく田豊は、多勢を背景に強気で、天下分け目の一戦に持ち込もうとする袁紹に反対します。この諫言に激怒した袁紹は、田豊を牢屋にぶち込みます。**「官渡の戦い」**で袁紹軍の敗北の知らせを獄中の田豊に知らせた者が、

漢文 故君貴審才、臣尚量主。

「これで田豊様も重く用いられますね」

と祝いの言葉を述べたところ、袁紹の狭量な性格をよく知っている田豊は、

「もし戦に勝ったならば命は全うできようが、戦に負けたとなると殺されるであろう」

と答えました。やがて本拠地の鄴に敗走して戻って来た袁紹は、

「田豊の進言を採用しなかったから、こんな恥辱を受けることになった」

と言うや否や、田豊の処刑を命じました。ここで田豊に詫びを入れ、参謀役として再登用する器量があれば、袁紹も202年に苦悶のうちに死ぬこともなかったはずです。


プライドが高くて反省のできないトップ程、始末の悪い者はありません。一旦権力を握ってしまうと、最後の最後までこういったトップは悪あがきをして権力の座にしがみ付き、大勢の人に迷惑を掛けることになるのは現代の組織でも同じです。

東晋（魏の次の西晋の後継政権）の歴史家でもある孫盛は、沮授と田豊の智謀は漢の高祖劉邦に仕えた名参謀役である張良や陳平を凌駕するにもかかわらず、仕える先を誤ったと本項フレーズで指摘しています。トップが忠義の優れた人財を任用すれば大業を成せるが、優れた人財が狭量なトップに仕えれば、滅亡するのは当然だということです。

トップに仕える補佐役、参謀役は、仕官したり退官したりする権利が春秋戦国時代からあったにもかかわらず、沮授や田豊は自らの命を顧みず、最後まで袁紹を裏切ることなく死を選びました。これもまた誇りある「烈士」としての生き様なのでしょう。

英訳 It is important for a leader to distinguish the talents of followers, and it is also important for followers to select the right leader.

▲官渡古戦場跡の碑（河南省鄭州市）

▲整備発掘中の曹操の陵墓（河南省安陽市）

▲伝・曹丕の衣冠塚（河南省洛陽市）

▲魏の明帝陵（河南省洛陽市）

2
リーダーだけが持つ器量

26

時代に即したリーダーシップ

乱を治むる者は、権謀を先にす。

【魏書・劉表伝注】

乱世ならば、権謀術策が第一です。

8尺（漢の1尺＝23㎝、約184㎝）もの長身で立派な風貌をしていた劉表は、知的で温和で品の良い人物でしたが、非常に猜疑心が強いトップでした。劉備の自称と違って劉表は、前漢の景帝の四男である魯恭王劉余の子孫として当時からも知られていました。因みに劉邦の先祖とされる中山靖王劉勝は景帝の九男、前漢の武帝劉徹は景帝の十男です。

142年に兗州山陽郡高平県（山東省済寧市魚台県）で生まれた劉表は、宦官を排除した名士たちが反撃された「党錮の禁」の際、アンチ宦官である清流派の若きホープとして頭角を現しました。大将軍の何進の幕僚を務め、霊帝の崩じた後に、荊州刺史（湖北・湖南省の長官）に任ぜられます。

劉表が赴任した頃の荊州では、大小の豪族がいがみ合って、中央政府に反旗を翻していました。そこで劉表は最も力のある豪族の蔡瑁をまずは抱き込み、そして荊州で尊敬されている儒学者の蒯良、蒯越兄弟に辞を低くして教えを乞います。すると蒯兄弟は、

――**治平者先仁義。（平を治る者は仁義を先にす）**。

漢文 治乱者先権謀。

「平和な時代ならば、仁義が第一」と述べてから、本項フレーズを続けます。乱世なので豪族たちを招きよせて、従わない者は斬り捨て、残りは手なずけて服従させればよいというアドバイスに従って、劉表は荊州全土を平定します。その後は広大で豊かな領地と10万の将兵を擁した劉表は、「仁義を第一」にして十数年に及んで荊州を見事にマネジメントしました。

荊州に侵入して来た江東の孫堅を黄祖に命じて討ち取り、袁紹、袁術、張繡、曹操らと合従連衡を繰り返しながら、荊州の平和を守り抜きます。王粲、司馬芝、諸葛玄（諸葛亮の叔父）など、劉表が洛陽時代に交友のあった連中の他に、司馬徽などの名士も続々と劉表を頼って荊州へ集って来ました。また劉備も201年から寛大な劉表を頼り、曹操が侵攻するまでの7年間をも荊州で過ごしています。

劉表が荊州の平和を維持し、多くの優れた人財を集めることが可能であったのは、

——百姓帰之如水之趣下。（百姓の之に帰すること水の下きに趣くが如し）。

蒯良は「仁義を第一」とすれば、組織のメンバーとなる人財は、水が低い方に流れるようにいくらでも集まると指摘したからです。そして更にアドバイスします。

——兵不在多、在得人也。（兵は多きに在らず、人を得るに在り）。

この蒯越の提言を劉表は、終生にわたって頑なに守りました。この二つの教えは、現代組織のトップにとっても、未だに不変のマネジメントの要諦と言っても過言ではありません。

英訳 Deception and artifice become predominant in chaotic times.

組織のメンバーをどれだけ信頼できるか

27 夫れ君の為に君に事え、君臣の名定むれば、死を以て之を守るべし。【魏書・劉表伝注】

組織のメンバーは、組織の為に命を懸けてその原則を守り抜くものです。

荊州南陽郡生まれの韓嵩は、水鏡先生と呼ばれた司馬徽のもとで学びました。つまり徐庶、龐統、諸葛亮らの兄弟子にあたり、劉表へ早くから出仕しました。

200年の「**官渡の戦い**」の際、劉表は袁紹からの救援の要請に応じながらも出兵せず、曹操側に付く決断もせずに、ただ傍観を決め込んでいました。韓嵩は次のように進言します。

「袁紹と曹操が対決する今、天下の趨勢は劉表将軍の決断次第で変わります。将軍が天下を狙う志がおありなら、両者の疲弊につけ込むべきです。もしそうでないならば、どちらかに服属して下さい。10万の将兵をお持ちなのですから、中立は愚策です」

続けて韓嵩は次のように提言します。

「天下の優れた人財を集めている曹操は、袁紹を破るでしょうから、今この時に曹操に帰順すれば、曹操は劉表将軍を必ず大切にしてくれるはずです」

しかしながら劉表は逡巡して決断せず、実情の偵察をすべく韓嵩に使者を命じます。

漢文 夫事君為君、君臣名定、以死守之。

「聖人は柔軟な生き方を弁え、それに次ぐ人間は頑なに生き方を守り抜きます。私は自分の生き方を守り抜く者です。トップにお仕えすれば、トップの為に働くのが原則です」

そう韓嵩は言上してから、本項フレーズを述べます。そして続けます。

「曹操に帰服する使者ならば良いですが、未だ決断をなさっていないならば、曹操は私を懐柔する為に皇帝から官職を授けさせるでしょう。そうなると私は皇帝の臣となり、劉表将軍の旧臣になってしまいます。道義的には将軍の為に死ぬことができなくなります。どうか再考されて、私の気持ちを裏切らないで下さい」

この韓嵩の言葉に構わず劉表は、韓嵩を曹操のもとに派遣し、韓嵩は曹操の威勢を目の当たりにします。予想通りに後漢の官職を賜って帰還した韓嵩は、曹操に人質を送って帰順することを劉表に勧めますが、激怒した劉表は「裏切り者」と罵って処刑しようとします。

「将軍が私を裏切ったのであって、私が将軍を裏切ったのではありません」

韓嵩は使者へ赴く前に劉表へ言上したことを思い出させても、劉表の怒りは収まりませんでしたが、劉表の妻の取りなしで、死罪は免ぜられて投獄処分となりました。

情報が方々から多く集まる組織のトップの言動というものは、意外とコロコロ変わるものです。しかし一方でトップは、組織のメンバーに対して、常に絶対の忠誠を求めるものです。

韓嵩の言葉は、組織の為に働くメンバーを決して疑わず、信頼し切って任用することが、トップにとって第一原則であることを教えてくれます。

英訳 All members must follow his example of risking their life for the organisation.

コラム　三国志余聞⑥

劉表の妻・蔡氏

『**三国志演義**』では悪妻の代表であるかのように描かれ、荊州を亡国に追いやった張本人とされているのが、劉表の後妻である蔡氏である。荊州牧の劉表を支えた地元勢力のリーダーである蔡瑁の姉と伝わる。この姉弟の父である蔡諷は荊州襄陽一の有力豪族で、その妹は後漢末に司空・大尉・車騎将軍と最高位のポストを歴任した大物政治家の張温に嫁いでいたことから、蔡瑁も若い頃から高級官僚の子弟として洛陽で学び、曹操の遊び仲間でもあった。

史書ではこの蔡氏は意外にも賢妻であったようだ。前項の韓嵩は荊州の名士であり、その言動も率直であるから死罪に値しないと劉表を諫めていることからも窺える。

劉表は荊州に赴任してから、地元の有力豪族である蔡氏の娘を後妻とすることで、荊州での権力基盤を得た。蔡氏を通じてのネットワークは、多くの人財を荊州における政治に参加させ、動乱の時代に束の間の平和と繁栄を荊州にもたらした。蔡氏の念頭には、常に荊州を守ることが第一にあったのであろう。

劉表の後妻であるこの蔡氏は、諸葛亮の妻である黄月英の母の妹であった。つまり、孔明にとって蔡氏は義理の叔母に当たる。諸葛亮が10年近くも仕官もせずに、ブラブラすることができたのは、この妻の実家の金と人脈のお陰かも知れない。

『**三国志演義**』での蔡氏は劉表の死後、遺言の偽造により、本来の後継者である前妻の嫡子・劉琦を退けて当主となった息子の劉琮を蔡瑁と一緒になって過度にサポートするが、南下して来た曹操に降伏し、最後は于禁によって劉琮と共に殺されてしまう。

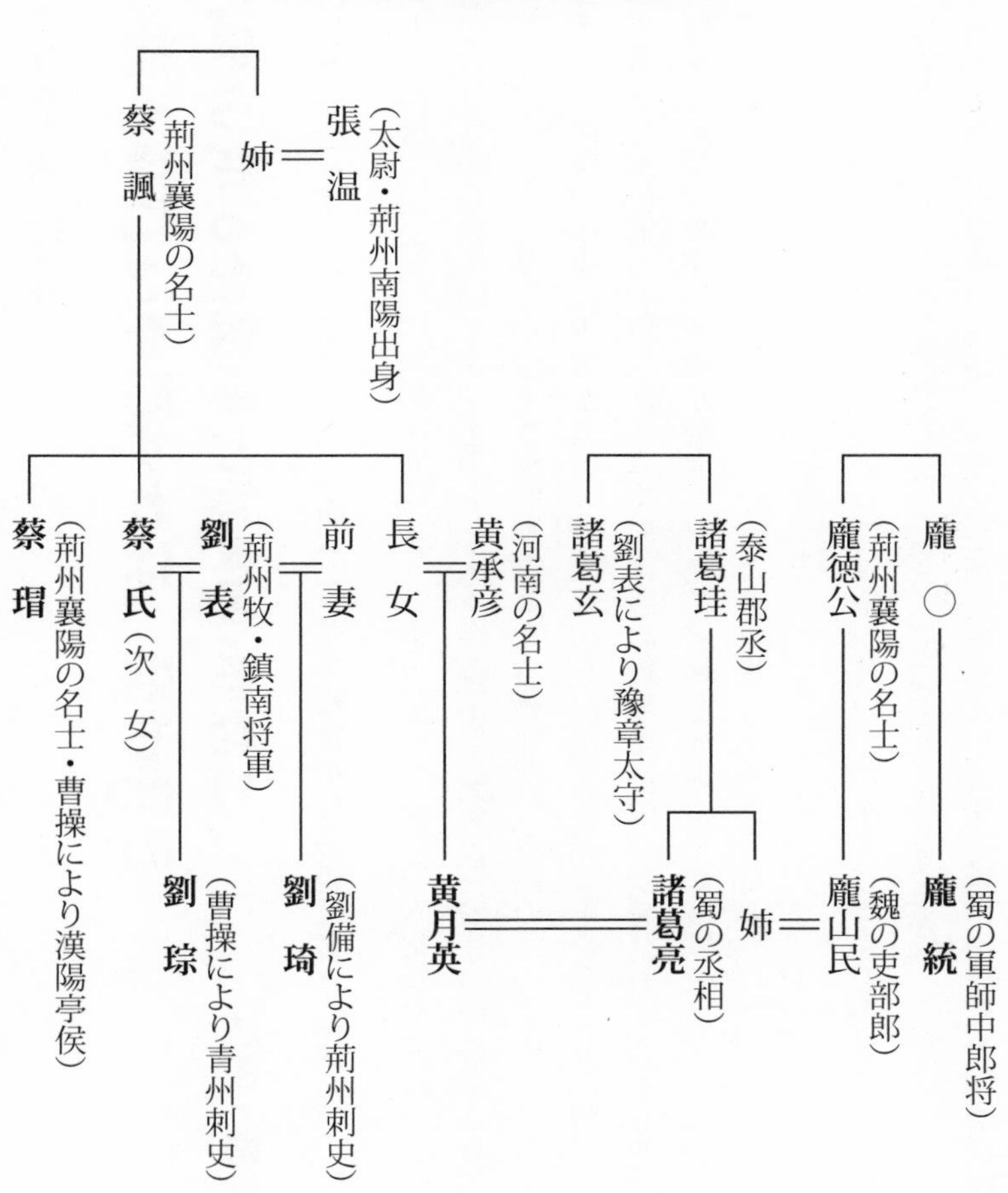
荊州襄陽の蔡氏の関係図
蔡諷（荊州襄陽の名士）
姉
張温（太尉・荊州南陽出身）
蔡瑁（荊州襄陽の名士・曹操により漢陽亭侯）
蔡氏（次女）
劉表（荊州牧・鎮南将軍）
前妻
長女
黄承彦（河南の名士）
諸葛玄（劉表により豫章太守）
諸葛珪（泰山郡丞）
龐徳公（荊州襄陽の名士）
龐○
劉琮（曹操により青州刺史）
劉琦（劉備により荊州刺史）
黄月英
諸葛亮（蜀の丞相）
姉
龐山民（魏の吏部郎）
龐統（蜀の軍師中郎将）
―― 血縁関係
＝＝ 婚姻関係

決定機を掴む者・逃す者

28 若し能く後に之を応ずれば、則ち此の未だ足らざるを恨みと為さざるなり。

この次の機会にうまくやれば良く、今回のことを残念がる必要はありません。

【魏書・劉表伝注】

『三国志・蜀書』に劉備の伝記が立てられていますが、その他の人物伝や注記の中に、劉備の言動が散りばめられています。本項フレーズは『魏書・劉表伝』の注の中に記されている劉備の言葉で、その人となりが色々な角度から窺える興味深い逸話の一つです。

207年、曹操が遼東に逃げた袁熙・袁尚兄弟を討伐する為に軍を起こした時、その留守を狙って曹操の本拠地の許昌（河南省許昌市）の攻撃を劉備が劉表に献策しました。劉表は聞き入れませんでしたが、曹操が征討を終えて許昌へ帰還してから劉表は、

「卿の言葉を信用しなかったので、この一大チャンスを逃してしまった」

と後悔の言葉を発しました。すると劉備は、

「現在天下は分裂していて、毎日のように戦争が続いています。機会の到来はいくらでもあるものです。どうしてこれが終わりだということがありましょうか」

こう言ってから劉備は、本項フレーズで劉表を励まします。後世の歴史を知る者からすれ

漢文 若能応之於後者、則此未足為恨也。

ば、この時こそが劉表にとっては最大にして最後のチャンスでした。修羅場を生き抜いて来た劉備ならば、恐らくこの時がラストチャンスであったことを直感していたでしょう。

劉表は若い頃から優れた人物として天下に名が通っていましたが、戦乱の世に自分だけが平和な状態を享受しているうちに、世の流れのスピード感を失ってしまったようです。

これは平和ボケしていたせいなのか、老化のせいなのか、守りに入ってしまった結果なのかは分かりませんが、緊張感を失ってしまえば、どんなに優れた資質を備えた人間であっても、組織のトップとしては賞味期限が切れてしまうものです。劉表はその見本です。

一方でこの逸話（エピソード）で興味深いのは、何度となく成功しなくとも底から這（は）い上がって、最後に蜀漢を建国して皇帝としてトップの座に就いた劉備は、

――禍（わざわ）いを転じて福となす。

と常にポジティブ思考の人であったことが窺えることです。この不屈の闘志こそ、裸一貫で大業（ビッグビジネス）を成し遂げることができる人物の最も大切な資質であるということです。

この劉表が最大のチャンスを逃して後悔し、劉備が励ました翌年の２０８年、曹操は劉表討伐の兵を挙げて攻め寄せて来て、その最中に劉表は67歳で病没してしまいます。

劉表は自分が亡くなるまでの7年間も劉備を庇護しましたが、重用することはありませんでした。しかしながら益州の劉璋と違って、劉備に自らの地位を奪われる隙も与えていなかったことから、ある意味においては優れたトップであったことは間違いないようです。

英訳 Instead of regretting this instance, you should improve your performance at the next opportunity.

状況を俯瞰して判断する

29 逆順に大体有り、彊弱には定勢有り。

物事には順逆があり、強弱には勢いというものがある。

【魏書・劉表伝】

劉表には、先妻との間にできた劉琦という息子と、後妻の蔡氏との間にできた劉琮という二人の息子がいました。後妻は荊州の有力豪族の蔡瑁の姉であったことから、劉表はマネジメントを円滑に行う為に、後継者を明確にすることはなかなかできませんでした。

劉表の長男である劉琦は賢く、荊州の有力者たちは自分のことを快く思っていないことを察していましたので、密かに諸葛亮にその保身について策を乞うています。諸葛亮は荊州南方の江夏太守が亡くなったことに目を付け、劉琦に対して南の守りを固めたいという口実で、その後任を願い出るようにアドバイスしました。狙い通り劉表は劉琦を太守に任じます。

そして208年に劉表が亡くなり、劉琮が荊州牧となります。後継問題が解決した矢先、曹操軍が遂に荊州へ侵攻します。劉琮は次のように群臣に呼び掛けました。

「皆と心を一つにして守りを固めて天下の情勢を引き続き静観しよう」

すると蒯越、韓崇らは、静観などは不可能であると反対します。そして重臣の傅巽が進み出て本項フレーズを述べ、三つの点で劉琮に勝ち目がないと告げます。

漢文 逆順有大体、強弱有定勢。

・臣下でありながら君主に歯向かうのは逆であること。
・当方は新興勢力であるものの国家に対抗する力はないこと。
・劉備を使っても曹操に対抗させるには無理があること。

と示してから、劉琮に対して、

「ご自身と劉備とでは、どちらが器量人ですか」と問い掛けます。劉琮は素直に答えます。

——吾不若也。（私の方が及ばない）。

「実際に劉備が曹操に対抗することができないならば、たとえ荊州を守ろうとしても、自力で存続することはできません。また劉備が曹操に対抗することができるならば、今後とも劉琮将軍の下の地位で劉備が甘んじるはずがありません」

畳みかける傅巽の進言を入れた劉琮は、曹操軍が荊州から200㎞程北の襄陽（湖北省襄陽市）に迫ると全面降伏の決断をします。降伏の方針をギリギリまで知らされなかった劉備は、間一髪で樊城（漢水を挟んで襄陽の対岸）を脱出して、南へ逃れて劉琦と合流します。

劉琮は曹操によって青州刺史に任ぜられ、蒯越、韓崇、傅巽らは曹操から官爵を賜って地位を保全し、荊州は戦乱の地になることを免れました。劉琮らは組織を最小限の被害で存続させることに成功し、一方では最小限の力で領地を拡大したことに味をしめた曹操は、呉の孫権も同じ方法で傘下に収めようとして、手痛い敗北を受けることになります。

英訳 Force encompasses both loyalty and treason and both strength and weakness.

30

他人の商度、少なきこと、人の意の如し。【魏書・張魯伝】

他人の当て推量など、全く頼りにならない。

曹操は強いリーダーシップを持ったトップでしたが、決して独善的ではありませんでした。天下の優れた人財を集めることが自分の趣味であると豪語した収集家だけあって、逸材たちからの自分の思いも付かない奇抜なアイデアや提言を欲しました。常に最適なアドバイスを採用し、果敢に行動することが、曹操のマネジメント・スタイルの基本です。

経験値や綿密な調査、蓄積された学問を基にした提言は、希望的観測や憶測と違うのは明らかですが、社会的に高い地位や高名な人物、普段から信頼している人物の口から出ると、どんなことでも正しい情報や提案であると人間はついつい信じてしまうものです。

30年にわたって漢中に割拠している「五斗米道」は宗教集団であり、軍事には疎いので攻略は容易という報告を鵜呑みにした曹操は、漢中に攻め入ったところ、三代目の教主である張魯を支える教団の頑強な抵抗に遭います。味方の兵士の屍が累々と築かれるのを目の当たりにし、本項フレーズを漏らして自らの慢心と判断の甘さに臍をかみます。

見ると聞くとでは大違いなのは世の常で、現場第一主義の必要性を戒めた「**百聞は一見に**

漢文 他人商度、少如人意。

如かず」という言葉の由来は、曹操の時代より250年前の前漢の宣帝の世にまで遡ります。

現代中国には55の少数民族が存在しますが、そのうちの一つチャン族の先祖である羌は甲骨文字の殷の時代から知られる狩猟民族で、涼州（甘粛省）地方に勢力を持っていました。彼らは漢族より体格もよく、騎馬と騎射に優れ、移民の漢族と混血を重ねて生まれた涼州兵は精強で知られていました。この涼州兵を率いて恐れられたのが、後漢末の大乱を起こした董卓です。曹操を潼関で追い詰めたことのある猛将の馬超の母は、羌族出身でした。

涼州金城郡で帰順していた羌族が役人の圧政に対して反乱を起こした際、前漢の宣帝はどのくらいの反乱規模なのか、対策はどうするかと重臣に諮ると、70歳を超えた趙充国が、「百聞は一見に如かず。用兵は遠く離れていて測ることはできません。急ぎ金城へ向かってから、そこから方略を献上したいと思います」と自薦しました。

意気軒高な老将軍は現地へ急行すると、直ぐに現状を把握し、中央では強硬策が多勢であったところ、むやみに征伐するのでなく懐柔策で持久戦に持ち込むべきだと判断し、1年後には最小限の労力で見事に羌族の反乱を鎮圧して凱旋します。

他人の感覚や価値観が自分とピッタリ同じということは、実生活では少ないのは誰もが知っています。同じ価値判断の基準である「モノサシ」を組織内で同一にしておかないと、伝聞情報や報告だけでは、あの曹操でさえも判断を誤るということを本項フレーズが教えてくれます。

英訳 The arbitrary judgement of another is totally unreliable.

トップが求心力を失うリスク

31 但に坐す此の人、宮の言に従わざるによりて、以て此に至る。【魏書・呂布伝注】

何もしないトップが、私のいうことを聞かなかったから、こんなことになった。

199年、曹操に下邳城を包囲されておよそ4か月後、呂布は自ら開城して曹操に降伏します。呂布は自惚れが強いのか、曹操は自分の力が必要なはずなので一命を助けてくれるという目算があったようです。曹操の前に引き出された時、臆面もなくきつく縛られた縄目を緩めてくれと曹操に哀願したり、騎兵を任せられたならば、曹操の天下取りに協力しようと申し出たりします。一瞬、曹操の心が揺れ動くのを見逃さなかった劉備は、

「丁原や董卓の末路を思い出して下さい」

と二人の主人を裏切った呂布の性質について指摘します。呂布はかつて劉備を自らの義弟と呼んで可愛がっていましたが、領地を奪われた劉備は心の奥底では恨みながら、面従腹背をしていました。流石に、呂布もそれを気付くこともあったのでしょう。呂布は叫びます。

――**是児最叵信者**。（**是の児、最も信じ叵き者なり**）。

生粋の武人である呂布からすると、劉備は何かイカサマ臭くて信用できなかったのかも

漢文 但坐此人不従宮言、以至于此。

知れません。確かに劉備は、厚遇してくれた曹操をこの後にいとも簡単に裏切っています。

呂布の傍らに同じく縛られて引き据えられていたのは、呂布の参謀役の陳宮です。曹操は昔の同志であった陳宮を見て、陳宮を「公台」と親し気に字で呼び掛けて尋ねます。

「卿は昔から優れた知恵と計略を誇っていたが、この様は一体どうしたことだ」

そこで陳宮は呂布を指差して、本項フレーズで捕虜となった理由を簡潔に示します。

呂布には幾度かチャンスがありましたが、肝心な時になかなか決断ができませんでした。

――布勇而無計軽於去就。（布、勇なれど計無く去就に於いて軽なり）。

徐州で呂布の幕僚となった陳登が、呂布は勇猛さだけで駆け引き下手、判断が軽はずみだったとも指摘しています。強いばかりのリーダーは、攻めのタイミングでは魅力的ですが、守りに入ったタイミングでは難局を乗り切る求心力が意外と弱いものです。守勢の時、呂布に従う諸将は自分の意見を主張するだけで何事も決まらず、互いに不信感を募らせたとありますので、曹操に攻められなくても瓦解寸前の組織だったのでしょう。

戦乱の世は寄せ集め集団が普通で、現代の非正規社員ばかりの企業と同じです。一時の利益の為に離合集散が当たり前となり、組織全体の為に身を犠牲にして貢献しようという気持ちのある人も希少ですので、猜疑心をどこまで我慢して能力のある人間を信頼して使いこなすか、その為の判断能力に磨きを掛けることが、トップにとって乱世のマネジメントのポイントであるということです。誰も決して呂布を笑うことはできません。

英訳 This situation occurred because this man did not listen to my words.

人物を見極める鋭い視線

32 何を縁に当に君と語ろうや?

何を話題にして、言葉を交わせば良いでしょうか。

【魏書・陳登伝】

『三国志演義』を語る時、劉備が仁徳に溢れた人物に描かれますが、実際はかなり毀誉褒貶の激しいタイプです。義理人情に篤い人格者であるはずの劉備が、自分に好意を示して厚遇してくれた呂布、曹操、袁紹、劉璋など多くの人を簡単に裏切っていないでしょうか。

本当に劉備には人情味があって、人を惹きつける魅力などがあるのかと疑いたくなりますが、劉備の毅然とした性格が窺える記述が『三国志・魏書』の中にあります。

劉備が荊州の劉表に身を寄せていた時、許汜と共に劉表の宴に招かれます。曹操に仕えていた許汜は、曹操が陶謙討伐に出た隙に裏切って、呂布を迎え入れた張邈や陳宮の一味でした。人物談が陳登に及んだ時、呂布のもとで陳登と同じく幕僚であった許汜が非難します。

「あんな傲慢な男は他にいない。人をもてなす心がなく、バカにしてか全く私と口もきかず、自分は寝台に寝て、客の私を床に寝かせても平気な奴でした」

「世に名高い許卿が言うことなので疑うつもりはないが、若死にしたにもかかわらず、今でも陳登の名声は鳴り響いているのはどうしてだろうか」と劉表は劉備に尋ねます。すると、

漢文 何縁当与君語?

「卿は国士として名声がありながら、地位や富貴を求めるだけで世の為に何の提言もしなかった。だから陳登は卿を嫌っていた」と劉備は答えてから、本項フレーズで問い掛けました。

「私ならば寝台でなく、高い楼閣の上に寝て、卿を床どころか地べたに寝かしたであろう」

劉備の強烈な嫌味に、劉表は大爆笑しました。続けて劉備は、陳登を褒め称えます。

「陳登のような文武両道にして勇気と志がある人物は、春秋戦国の時代にしか見当たりません。今の世の中では、比較できるような人物はいないでしょう」

陶謙が亡くなる前に劉備に徐州を譲ろうとした時、積極的に劉備を支持したのが陳登ですが、徐州が呂布に乗っ取られるや否や、陳登は劉備から呂布に乗り換えます。呂布が討伐されると直ぐに曹操に従って地方行政を任せられます。優れた実績を上げますが、惜しくも39歳で亡くなります。

劉備に見切りをつけて呂布に付いた陳登に対して、些かの恨みがましいことも言わずにその人物を正当に評価している劉備は、やはり何か一本筋がしっかりと通っています。

劉備は乱世の処世については自ら合理的な判断をし、尚且つ他人が合理的な判断をして見切りをつけることにも達観して受け入れていたのでしょうか。ここが劉備のトップとしての優れていた気質で、最後には皇帝にまで昇り詰めた理由の一つでしょう。

因みに、当時は国士としてそこそこ名の知れていた許汜ですが、この逸話の後には全く名前が歴史に記されることなく消え去っています。まさに小人物の末路です。

英訳 What kinds of topics should I discuss with you?

人財を抱える為の度量

33

夫れ仁義は豈に常に有るか、之を蹈めば則ち君子、之に背けば則ち小人なり。

【魏書・臧洪伝】

仁義は自然にあるのではない。これを実行すれば君子となり、これに背けば小人となる。

臧洪は徐州広陵郡射陽県（江蘇省揚州市宝応県）の人で、風采も良く才能に溢れ、若くして県令に抜擢されますが、霊帝の治世に政治が乱れた際、官を辞して故郷の広陵郡へ引き籠ります。そこで広陵太守の張超に任用され、才能を発揮して大いに活躍します。張超は兄の張邈と共に、反董卓軍に参加した諸侯の一人です。

張超から劉虞のもとへ使者として派遣される途中、公孫瓚と袁紹の争いに巻き込まれて、袁紹の陣で足止めを食らいますが、そこで袁紹に気に入られた臧洪は、青州刺史に任ぜられます。在任した2年間で優れた統治実績を残して、次に東郡太守に任ぜられます。

１９４年、張超が兄の張邈、呂布と組んで曹操を攻撃して追い詰めます。しかしながら、翌春には曹操が反撃に転じ、夏には張超は雍丘（河南省開封市杞県）に籠城して苦戦します。

張超からの救援の知らせを受けた臧洪は兵を集め、更には袁紹に兵馬を借りて雍丘に赴こうとしますが、曹操と良好な関係にあった袁紹は拒絶しました。

漢文 夫仁義豈有常、蹈之則君子、背之則小人。

１９５年12月に張超が一族と共に自害して雍丘が陥落すると、臧洪は袁紹を恨んで絶交します。今度は怒った袁紹が臧洪の城を囲みます。臧洪の器量を評価していた袁紹は、臧洪の同郷の友人である名文家として知られる陳琳に、降伏を勧告する手紙を送らせます。

『**臧洪伝**』には、降伏拒絶の長文の臧洪から陳琳への返書が掲載されています。後に陳琳が「建安の三曹七子」の一人として著名になったお陰で、臧洪の名文が後世に残されました。

兵糧が尽きて人肉を食らうまでの壮絶な籠城戦の末、城は落ちて生け捕られた臧洪は、袁紹の前に引き据えられます。内心では助命したい袁紹に対して、頑なに態度を変えない臧洪は処刑されます。それを見た臧洪の腹心で東郡の丞（次官）であった陳容は、

「天下の為に立ち上がりながら、気骨ある忠義の者ばかり処刑しているではないか」

と言挙げして、本項フレーズを述べてから、

——袁紹と同時に生きるならば、臧洪と一緒に死んだ方がましだ。

と叫びます。大激怒した袁紹は、陳容も即座に処刑します。その場の袁紹の重臣たちは、

「今日は二人も烈士が殺されてしまった」と誰もが嘆いたそうです。

袁紹のもとには優れた人財が集いましたが、忍耐して許容する度量がない為に逃げられたり、自らの手で失ったりしています。現代でも「三顧の礼」で外部人財をスカウトしながら、直ぐに飽きてクビのすげ替えをするトップがいますが、まさに袁紹と同じ愚行です。

「**士は己を知る者の為に死す**」は、現代においてもリーダーたる者の不変の心意気です。

英訳 Humanity and justice are not fixed attributes. Anyone can become virtuous if these qualities are pursued or a villain if they are forsaken.

優れた人財はとことん尊重する

34 吾聞く、太上は臣を師とし、其の次は臣を友とす。

【魏書・夏侯惇伝注】

最高の処遇は、自らのメンバーを師とし、その次は友とすることである。

夏侯惇は、呂布討伐の際に左目に流れ矢を受け、引き抜いた矢尻に刺さった自分の目玉を親からもらった大切な肉体の一部であるからと食べてしまった逸話で有名です。

兄弟同様に育った曹操の従兄弟たちの中で夏侯惇は、反董卓で190年に挙兵した時から一緒で、いわば創業メンバーだったこともあり、曹操は権力の高みに上っても、出掛ける時は同じ馬車に同乗し、寝室にまで自由に出入りさせる程、最も信頼した同志です。

219年に夏侯惇は、魏王曹操から前将軍（前軍の将軍、元将軍という意味ではない）に任ぜられます。実はこの時まで夏侯惇だけは他の将軍たちと違って、それまでの東郡太守、陳留太守、河南尹、建武将軍、伏波将軍などの歴任した官職は、全て後漢の献帝から任ぜられていたので、漢の皇帝の前では形式的には曹操と同列の立場にありました。

魏王となっても曹操は夏侯惇だけは別格で良いという考え方でしたが、夏侯惇は自らの立場を弁えていたので、特別待遇を自分が受けるには値しないと申し出ます。その時に曹操は

漢文 吾聞太上師臣、其次友臣。

本項フレーズを述べてから、組織のメンバーとは優れた人格を備えて義務を第一とする人のことで、今さら漢だの魏だのに拘らなくても良いとして、

――而臣足以屈君乎。（而して臣は君に屈するを以て足る）。

「君に頭を下げさせられない」と曹操は、夏侯惇を諭します。夏侯惇はそれでは組織において上下の区別がつかず、他の模範とならないと譲らなかったことから、曹操は不承不承に認めて、夏侯惇を魏の将軍に改めて任じた訳です。

曹操は組織のメンバーの実力、人格、実績など全てを勘案して公平に処遇し、尚且つ優れた人物は師や友として付き合い、決して上から目線で臨むことのない人財マネジメントの機微を心得ていました。

曹操と夏侯惇の友情を伴った信頼関係は、フランスの皇帝ナポレオンと帝国元帥のジャン・ランヌとの間にあったものと似ています。ナポレオンの最も信頼する将にして友であり、数いる元帥の中でナポレオンを「君」と呼ぶことができたのはランヌだけでした。

曹操が若き呉の周瑜の評判を聞いて、人を遣ってスカウトを試みたことがあります。周瑜は自分と孫策・孫権兄弟の絆は強固で、心が動くことがないとして次のように述べています。

「リーダーたる者、自分をよく知るトップに巡り逢い、仮に組織では上下の関係があっても、実際は家族同様であり、忌憚のない意見や指摘ができて、喜びも苦しみも共に分かち合える関係に恵まれることに勝る幸せはありません」

英訳 The best action is to treat one's member first as a teacher, then as a friend.

コラム　三国志余聞⑦

曹氏と夏侯氏

曹操の父である曹崇は、宦官として最高位にまで昇り詰めた曹騰の養子であった。陳寿が記した『三国志』の「武帝紀」には、曹騰の出自は知れないと書かれているが、４２９年に梁（三国時代の後の晋の次の王朝）の文帝に命じられた裴松之が、様々な文献や伝承を集めて『三国志』に肉付けした注記の中で、曹嵩は夏侯氏の出であるという説を述べている。

漢を建国した高祖劉邦は沛県の人（隣の豊県こそ劉氏の故里であり、劉邦の出生地であるとして、両県の間で現在でも論争中）で、同郷にして初めから行動を共にした同志に、蕭何、曹参、夏侯嬰の三人の功臣がいる。

重臣筆頭の相国となった蕭何の後を継いで、二代目の相国となったのが曹参で、また劉邦の親衛隊長を務めたのが夏侯嬰だ。その４００年を経た後に、曹参の子孫のもとへ、夏侯嬰の子孫が養子にいったということになる。

２００９年に復旦大学の研究チームが、曹操の大叔父である曹鼎の歯から採取されたＤＮＡの解析を行い、Ｙ染色体Ｏ２-Ｍ２６８型を持つ人が曹操の子孫であると結論付けられた。中国全土の曹氏２５８系統の子孫を調査したところ、９系統の家族が曹操の直系子孫と断定された。因みに曹操の男系子孫は、現在1万５０００人程いるとのことだ。

併せて夏侯氏の複数の系統の子孫のＤＮＡ調査もなされ、曹氏と夏侯氏の子孫の間で、ＤＮＡの一致は見られなかったとも発表した。

『三国志』に何人かの夏侯氏を姓とする人物が出てくる。中で夏侯惇と夏侯淵の二人は名高く、曹操の従弟にして同郷の沛国譙県（河南省亳州市）で、夏侯惇の父の弟が、曹嵩であると記されている。史書の記述を信じるならば、曹嵩は夏侯氏の出身であることになる。

▲夏侯惇の墓跡（陝西省興平市）

▲夏侯淵の墓（河南省許昌市）

35

トップが成長を止めてはならない

将は当に勇を以て本と為し、智略を以て之を行うべし。

トップは勇気を基本にするべきだが、行動に移す時は智略を用いるべきだ。

【魏書・夏侯淵伝】

曹操と夏侯惇の従弟にあたる夏侯淵は、曹操にとっては妻の妹の夫にもあたる為、極めて近い親族の一人であり、夏侯惇と並んで組織において最も重要な創業メンバーでした。夏侯淵は大勢の兵を率いる将軍としては抜群の才能で、「三日で五百里、六日で千里」と評されるスピードある用兵で敵から恐れられました。現代の企業で言えば、同業他社からも大いに一目置かれる辣腕の専務取締役・営業本部長といったところでしょうか。

曹操の決起以来、全ての戦場で活躍をして勇名を馳せました。精強な涼州兵を率いる馬超と韓遂を度重なる激戦の末、遂に壊滅させて涼州を平定するという大功を挙げました。

215年、張魯を降した夏侯淵は征西将軍として漢中を任されます。漢中は魏と蜀の境となる要衝中の要衝で、夏侯淵が率いる魏軍と劉備軍とが一進一退の激戦を繰り広げます。

219年、夏侯淵の本営がある定軍山へ迫った劉備軍との戦いでは、劉備の参謀役である法正の策に嵌り、夏侯淵は蜀の老将軍である黄忠によって討ち取られてしまいました。

漢文 将当以勇為本、行之以智略。

──為将当有怯弱時、不可但恃勇也。（将と為り当に惰弱の時有るべし、但だ勇をのみを恃む可からず）

「リーダーたる者、勇敢だけではダメだ」と日頃から曹操は勇猛な夏侯淵に対して言い含め、続けて本項フレーズで戒めていました。

猪突猛進型の強引な人間は、建国の時代や組織の創業期においては大活躍をして重要な役割を担います。未開の森を切り拓いて道をつくり、そこを突き進んで行くことは大変なエネルギーが必要ですので、並大抵の覚悟では遅々として何事も進めることはできないものです。但し、如何なる組織も発展途上期も熟せば、未知な段階に足を踏み入れることになり、従来の延長線上のやり方、思考では行き詰まりをみせて、失敗することになりかねません。しっかりと攻略目標を見定めて、リサーチをしてからよく熟考した上で戦略を練ること、そして戦術の切り替えの重要性について、曹操は夏侯淵に諭していた訳です。

現代の企業においては、組織外で同業他社と競合したり、組織内で出世競争したりする際、フルコンタクトで殴り合ったりすることはまずありませんが、勢いや気合い、腕力だけではマネジメントをするには限界があります。

失敗を恐れることに躊躇せず、果敢にチャレンジする精神を維持した上で、智略が求められるようなマネジメント力を備える為にも、常にリーダーたる者は慢心をせずに日々勉強を行って、成長を心掛けないといけないということではないでしょうか。

英訳 The most fundamental qualities for a leader are courage plus wisdom and strategy in action.

非常時に発揮する胆力はあるか

36

事は昭然たり、卿は何の為に読書を用いるや。

事態ははっきりしています。あなたは何の為に本を読んで勉強していたのですか。

【魏書・曹爽伝注】

曹操には挙兵以来、夏侯惇や夏侯淵だけでなく大勢の親族からのサポートがありました。現代でもベンチャー企業は、似たような生い立ちでしょう。人財的にも資金的にも人間がまず頼れるのは、近しい親族です。

曹操との血縁関係については詳しいことは不明ですが、当初から曹姓の複数の親族が従っています。曹騰の兄たちの孫である曹仁と曹洪は、曹操の又従兄弟、更に又従兄弟の子供である曹真と曹彬の兄弟は、曹操からすると従甥にあたるとされています。

曹真は曹操、曹丕、曹叡の三代に仕えて、魏の帝室を支える親族の筆頭格となり、大将軍として諸葛亮の北伐から魏を防衛して実力を示しています。この曹真は5人の息子に恵まれ、中でも長男の曹爽と次男の曹羲は、明帝曹叡の幼少からの遊び友達でした。曹叡の死に際して二人は、皇太子曹芳を司馬懿と共に補佐することを命じられています。

当初、曹爽は魏の重鎮で父親と同じ世代である司馬懿を立てていましたが、権力の味を覚

漢文 事昭然、卿用読書何為邪。

え始めてから、司馬懿を疎んじるようになります。老獪な司馬懿は曹爽の心の変化を察して距離を置くと、大幅に政治的裁量権を増した曹爽は驕るようになります。

司馬懿がボケ老人の振りをして、重篤な状態であると芝居を打ち、その情報を真に受けて安心した曹爽は、弟の曹羲と共に249年正月に皇帝の墓参りに随行して都の洛陽を離れます。その機会を虎視眈々と狙っていた司馬懿は、直ちに曹爽打倒のクーデターを起こします。大司農（内務＋農務大臣）の桓範は、洛陽から脱出して曹爽のもとに司馬懿の逆心を急報します。天子を奉じて曹一族の本拠である許昌で兵を募って、司馬懿に反撃するように進言します。しかしながら煮え切らない曹爽の態度を見た桓範は、曹羲に決起を促しますが、共に黙ったままで決断しません。そこで本項フレーズで、曹爽と曹羲兄弟に詰め寄りました。

掌中にある若い皇帝曹芳を洛陽に帰し、自ら官職を返上すれば命も財産も保証するという司馬懿の甘言を信じて、曹爽兄弟は降伏してしまいます。桓範は悔しがります。

「この老いぼれも、お前ら兄弟に連座して一族皆殺しになろうとは思いもしなかった」

降伏して一週間もしないうちに曹爽一族は、司馬懿によってことごとく処刑されました。

名門や富貴に生まれた企業トップやエリートコースを歩んだ組織トップの中には、知識や教養が豊かで語学に堪能にもかかわらず、修羅場を潜り抜ける経験がなければ、実行力に欠ける上、決断力も胆力も実力者に劣るのは当然です。1800年前に既にその悲惨なケースの見本が、この曹爽兄弟にあります。以後、魏は司馬懿一族に乗っ取られてしまいます。

英訳 The situation becomes clear. What did you read books for then?

公明正大な人事を行う

37 官は才を表す所以なり。

役職者になるということは、持っている才能を発揮することです。

【魏書・荀彧伝】

荀彧は豫州潁川郡潁陰県（河南省許昌市）の生まれで、若い頃から「王佐の才」を備える俊英として名が知られていました。非常に美形だったそうです。思想家の荀子の十三世の孫で、従兄の子である荀攸と共に曹操に仕えて、同じ列伝に収められています。

——**吾之子房也。（荀彧は私の子房である）。**

子房とは劉邦に天下を取らせた張良の字で、初対面で曹操は荀彧を高く評価しました。

荀彧の**「先見の明」**は、196年に長安を脱出して洛陽に落ち延びる献帝を曹操の根拠地である許昌に迎える献策をしたことで知られています。献帝を迎えた曹操は大将軍に任ぜられ、後漢の正当な擁護者としての大義名分を得ることになりました。

荀彧は組織で高い地位にありましたが、必要以上に謙虚で腰が低く、質素な上に清廉でした。能力に欠ける甥が一人おり、ある人が荀彧に向かって、権力があるのですから官職に付けてやってはどうですかとお節介をしたところ、本項フレーズを荀彧は述べて、「大勢の人から、何と言われるか分かりませんから」と笑って取り合わなかったそうです。

漢文 官者所以表才也。

荀彧の一族の多くは優秀で、後漢の高官に昇っていましたので、宮廷政治におけるコツのようなものだけでなく、組織の中で私欲を優先させてはいけないという矜持を荀彧は、生まれながらに持っていたのでしょう。

組織において幹部になるということは、威張り散らして権力を欲しいままにするのではなく、自らの才能を十分に発揮して、組織のトップと組織全体の為に尽力することです。荀彧はその為には、公平な人事をトップは心掛けなくてはならないことをよく認識していました。

また荀彧は組織全体の為に、トップへの諫言を控えることはありませんでした。

212年、曹操に対して後漢の献帝が9種類の最高の恩賞である「九錫」を授けようとした時、荀彧は断固として反対しています。献帝から皇帝位の禅譲を受ける機会を曹操から奪った訳です。荀彧にとって組織のトップは曹操ではなく、後漢の献帝であったのです。

「九錫」を辞退した曹操が孫権征伐の為に出兵すると、荀彧も従軍しますが、寿春（安徽省淮南市寿県）で俄かに病死してしまいます。「九錫」問題も含めて、路線の違うことが明確となった曹操との確執から、荀彧は服毒自殺したとも言われています。50歳でした。

曹操は翌年に「九錫」を受けて魏公となって更に魏王に進み、後を継いだ曹丕は献帝から禅譲を受けて魏の皇帝に即位します。荀彧が亡くなってから僅か8年後のことです。後漢の功臣として死んだ荀彧は、『**魏書**』だけでなく『**後漢書**』にも列伝が立てられています。

英訳 To become an effective leader is to showcase one's own talent.

トップを助けるアドバイザーの一言

38

誠に其の才有れば、弱と雖も必ず彊し。

【魏書・荀彧伝】

本当に才能があるのならば、今はダメでも必ず芽が出ます。

勇猛果敢で意思堅固にして、絶対的に自分自身に自信のある強力なリーダーというのが、曹操のイメージです。しかしながら曹操の実像は、非常に慎重で不安に苛まれながら薄氷を踏む思いで、組織を最善の方向へ向かわせようと努力した人です。

つまり、誰も真似できない天才やスーパースターなどではなく、普通の人間と何ら変わらない能力の者が、リーダーとして成すべきことを当たり前に成して結果を積み重ねたからこそ、優れた組織トップとなったことが、『三国志』の随所で知ることができます。

曹操のトップとして成功した秘訣を一言で言えば、優れた参謀役に恵まれたことです。どんなに強くリーダーシップに溢れる人物であっても、自分が進むべき道が正しいのか、下す判断が正しいのか、常に悩み躊躇するものです。

曹操は自らを律して多くの人財を集め、その諫言や進言によく耳を傾けました。中でも荀彧のアドバイスや直言に、心が折れそうな時に曹操は何度も助けられています。

袁紹は河北の広大な領地に精兵を擁し、曹操が太刀打ちすることができない大勢力を誇っ

漢文 誠有其才、雖弱必強。

ていたことから、曹操の庇護を受けている後漢の献帝は正統性がないと軽視していました。しかし在位を重ねてくれば傀儡の皇帝でも、権威や価値が備わっていることに気付きます。献帝を略奪すべく、軍事訓練を口実に曹操の領地内へ侵入してプレッシャーを掛けてきます。

曹操が徐州の呂布と緊張関係にありながら、宛（河南省南陽市）に割拠する張繡の征伐を試みて反撃されて窮地に陥った時、これみよがしに袁紹は曹操に対して尊大な手紙を送ります。この時、その無礼で小馬鹿にした内容に激怒して、曹操の顔色が見る見るうちに変わりました。重臣たちは、張繡に敗北したので、曹操が動揺しているのかと勘繰ります。

曹操は終わったことにクヨクヨしない人であることを知る荀彧は、何か理由があるのではないかと曹操に密かに尋ねます。すると曹操は、袁紹からの手紙を荀彧に見せます。

「今、力で倒そうと思っても、とてもやっつけることなどできない。どうしたものか」

曹操は地団太を踏みながら問い掛けます。荀彧は過去の歴史を見ればと前置きをして、その勝ち負けを決める要因について、本項フレーズで答えます。劉邦と項羽との対立関係と同じであると引き合いに出して、続けて曹操と袁紹の優劣について語ります。

曹操と袁紹を冷静に分析して比較すれば、度量、決断力、率先垂範力、組織運営力の全てにおいて曹操が優れているのは明らかで、如何に袁紹が強大であっても、その器量を見れば衰退、弱体化するのは明らかだとして、荀彧は曹操を勇気づけて励ましたのです。

英訳 Real talent buds in all circumstances, even when the environment is not conducive.

39

如何に最良の選択を導くか

夫れ事には固より此れを棄てて、彼を取るあり。

【魏書・荀彧伝】

全てのことは、これを捨ててあれを取るかの選択です。

人間は誰しも毎日、「選択」を迫られて生きています。人生における重大な決断もさることながら、目覚めて何から着手するかという些細なことも、既に「選択」をしています。「選択」も二者以上からの複数の選択肢から一つを選ばなくてはなりませんので、ここが悩ましいところです。簡単に決断ができる時もあれば、極めて決断が難しい時もあるのは、その選択肢には強弱や結果についての大小があるからです。

ある意味で、人生は「あみだくじ」のようなものです。現在でも複数の平行線の間に横線を入れたはしご状の線を引いて、あたりはずれや順番を決める為に利用されています。

曹操は人生「あみだくじ」で、最後に覇者となる「当たり」を引き寄せましたが、一直線でなく、「あみだくじ」の横線を左右に頻繁に行ったり来たりする時、自らの幕僚（スタッフ）たちからより良い選択のアドバイスを受けてから決断をしています。

徐州牧（じょしゅうのぼく）である陶謙（とうけん）の死を知った曹操は、徐州を併呑するチャンスと見て、対峙する呂布を

漢文 夫事固有棄此取彼者。

そのままにして徐州へ赴こうとします。

「もし留守をしている間に呂布に攻め込まれた場合、本拠地を失うことになり、ましてや徐州を攻略することができなかった時は一体どこへ帰るつもりなのですか」

と荀彧は本項フレーズで曹操をたしなめます。続けて、

「小を棄てて大を取ること、危険な道を棄てて安全な道を取ること、安定を棄てて一時の勢いに乗ること、この三つが当てはまる場合ならば、成功することができますでしょう。しかしながら、今回はどれにも当てはまりません」

そう荀彧は翻意を促します。曹操はハッと気付いて思い直します。曹操は呂布との膠着状態を打破するべく、全兵力で呂布を攻撃し、呂布によって占拠された地域を回復して兗州全域を取り戻すことに成功します。

荀彧はいつも難局に心が折れそうになる曹操が躊躇する時、的確なアドバイスで曹操を励まします。荀彧は曹操のトップとしての資質を見抜いて、その能力を些かも疑うことはありませんでした。それは曹操が持つべき基本姿勢について、荀彧が端的に述べている言葉に凝縮されています。

――以至弱当至強。（至弱を以て至強に当たる）。

裸一貫でビッグな敵にケンカを売ると決断したなら、うまくいかないのが当然で、心折れずに苦難を克服して、最後まで貫徹することにこそ意味があるという訳です。

英訳 Any matter that is the result of abandoning one idea and adopting another is a choice.

組織はトップの覚悟で決まる

40

三軍(さんぐん)は将(しょう)を以(もっ)て主(しゅ)と為(な)す、主衰(しゅおとろ)うれば、則(すなわ)ち軍(ぐん)は奮意無(ふんいな)し。

組織はトップが全てであり、トップがやる気がなければ、組織全体がダメなものだ。

【魏書・荀攸伝】

三軍と言えば、伝統的な陸・海・空を即座に連想しますが、アメリカでは海兵隊、沿岸警備隊に加えて、2019年12月に宇宙空間でのミサイル探知や人工衛星防衛の為創設された1万6000人体制の「宇宙軍」を合わせて合衆国軍は六軍としています。中国人民解放軍では、陸・海・空の三軍にロケット軍と戦略支援軍を加えて五軍となっています。

古くは周の時代の兵制では、諸侯の軍隊は上軍、中軍、下軍からなる三軍と定められていました。各軍でそれぞれ1万2500人の兵を有し、三軍とは合計3万7500人の軍隊で、昔から「三軍=全軍」を意味しています。三軍は「前中後」、または「左中右」の三つに分けたことから、前将軍や左将軍などの官職が生まれました。劉備は長らく漢の左将軍(さしょうぐん)でした。

現代日本の企業組織で言えば、三軍は営業、生産、経営管理の三部門に相当します。組織戦略にIoTが必要な現代、ネット部門が海兵隊のような独立軍でしょうか。

古代の軍隊の三軍も、現代の企業の三部門も、その拠り所は同じで、束ねるリーダー次第

漢文 三軍以将為主、主衰則軍無奮意。

で組織は強くも弱くもなります。人間がつくりあげる組織の性質は、千年単位でも変わりません。

――勇将の下に弱卒無し。

北宋の政治家である蘇軾の詩が出典のこの言葉は、組織というものは何事もトップの覚悟次第によってその力が決まることを意味しています。組織のメンバーを活かすのが、トップのマネジメント力です。組織を構成するメンバーの無能さを嘆くトップが、現代の企業にも多くいますが、無能となじるトップ自身が一番無能である場合が多くあります。

――一将功成りて万骨枯る。

唐末の詩人である曹松が「黄巣の乱」の際に読んだ詩が出典ですが、一人のトップの功名には一万人のメンバーの犠牲があるという意味です。組織の為に命を投げ出す覚悟でメンバーが働けば、大勝利が得られますが、本当のところはトップ自らの名声など顧みず、メンバーを犬死にさせること無しに勝つことこそが、リーダーたる者に求められていることです。

１９８年に籠城する呂布を攻め落とせない曹操が、全軍の疲労を理由に撤退しようとした時、荀攸があと一息なのに何をそんな弱音を吐いているのですかと本項フレーズでたしなめました。曹操でさえも、踏ん張り所で踏ん張り切る決断に迷いがあったことが窺えます。

このことを思えば、曹操並みの才能など望めない現代のトップが迷うのは当然であり、それを恐れず、むしろ大切なのは自らが下した決断の結果に、責任を持つという覚悟と潔さではないでしょうか。

英訳 In an organisation, the top is everything. If the top is lacklustre, the quality of the whole organisation becomes inferior.

仕事をやり抜くことの大切さ

41

荀令君の善を進むるは、進まずを休まず、荀軍師の悪を去るは、去らず止まざるなり。【魏書・荀攸伝注】

荀令君は善を推進し、進むことを休まず、荀軍師は悪を除去し、着実に終えるまで止めなかった。

三国時代後の統一政権である晋で、政治家にして学者として活躍した傅玄（217～278年）は、『三国志』の基となった『魏書』の編纂に携わり、また自らの著述『傅子』120巻を残しました。その『傅子』から引用されて、残されている言葉が本項フレーズです。荀令君は荀彧の別名で、荀軍師は荀攸のことです。荀攸は荀彧の従弟の子でしたが、6歳年長でした。189年に後漢の霊帝が崩じ、皇后の兄である大将軍の何進が政治の実権を握ると、何進は国内で知られた名士20人を招いて幕僚とします。その中の一人が荀攸です。

何進が宦官に暗殺されて董卓が実権を握った後、その専横を憎んだ荀攸は同僚らと董卓の暗殺を謀りますが、露見して投獄されます。死刑直前に董卓が王允らに暗殺されたことで、一命をとりとめて荊州へ逃れます。荀攸の評判を荀彧から聞いていた曹操は、荀攸へ書状を送って招聘します。初めて会って話をするや、大いに感銘を受けた曹操は荀彧に向かって、

漢文 荀令君之進善、不進不休、荀軍師之去悪、不去不止也。

——吾得与之計事、天下当何憂哉。（吾、之と事を計るや、天下当に何を憂うべからん）。

「ワシが彼と事を計ることができるならば、天下に何の患いがあろうか」と言って荀攸を直ちに軍事の参謀役たる「軍師」に任じます。これ以降、214年に荀攸は58歳で亡くなるまで、曹操の陣営で「軍師」といえばまさに荀攸その人のことでした。

曹操が魏公に封ぜられた際、曹操の領地である魏国の行政長官である尚書令に任ぜられます。尚書令として優れた人財を発掘して推挙したことから曹操に、

「荀彧と荀攸の人物評価は、時が経つ程、益々信頼できる」

と推挙した人財が出世し、大いに実績を残す者ばかりと高く評価されました。曹操はまた、

「表面は愚鈍に見えても内側には英知を有し、臆病に見えて勇敢であり、善をひけらかさず、面倒なことは人に押し付けない。その英知には近づけるが、愚直さには近づけない」

と前置きをしてから、息子の曹丕に対して、

——人之師表也。「人の見本である」と述べて、礼を尽くして荀攸を尊敬せよと諭します。

「荀攸は真の賢人であり、温・良・恭・倹・譲の精神を心得ていた」と孔子が晏嬰（戦国時代の斉の名宰相）を讃えた言葉を引用して、曹操は荀攸を褒め讃えています。

優れた人財が善行を推進することは当然のことですが、改善の為に悪いところを除くだけでなく、改善がなされるまで徹底的に最後までやり抜く点に、この荀攸の愚直に見える非凡さがあります。仕事は単にやるだけでなく、最後までやり抜くことこそが、極めて大切であることを本項フレーズは教えてくれています。

英訳 Lord Xun Yu persisted in promoting goodness until he achieved the goal, and Master Xun Yun persisted in fighting the evil force until it was eliminated.

時節の到来を見逃すな

42 夫れ得るが難く、而して失い易きものは時なり。

そもそも手に入り難くて、失い易いものとは、時節です。

【魏書・賈詡伝注】

後漢末期の184年、道教系の宗教を基盤にした農民信徒による「黄巾の乱」の勢いは凄まじく、大軍を率いる董卓や盧植でも平定できませんでした。そこで派遣された皇甫嵩（皇甫が姓）は、教祖である張角の二人の弟を斬り、病死した張角の首を洛陽へ送って、「黄巾の乱」を鎮圧して、天下にその名を轟かせます。車騎将軍・冀州牧に任ぜられた皇甫嵩に対して、閻忠という者が本項フレーズを述べて、後漢にとって代わるよう進言します。

「時節が到来してから、後戻りすることなく過ぎ去るのは機会です。それ故に聖人は常に時節に順応して行動し、智者は必ず機会を利用して事を起こしました。将軍は手に入れ難い時運に巡り合い、消えやすい好機に出遭っておられます。ところが時運に乗りながらも掴もうとせず、好機を前にしながらことを起こされません。一体どうやって名誉と利益を享受なさるおつもりですか」

腐敗する宦官に支配される後漢を滅ぼして、新しい国を打ち建てる好機と熱弁を振るいま

漢文 夫難得而易失者時也。

す。どんなに手柄を立てて忠義を尽くしても、前漢を建国した高祖劉邦が、大将軍の韓信を結果として切り捨てたのと同じように、最後の瞬間になって後悔しますぞと畳みかけます。

皇甫嵩はこの提言を却下したので、閻忠は逃亡を余儀なくされました。後に皇甫嵩は、軍で格下の董卓が政治の実権を握ると、その足下に身を甘んじることになります。董卓の亡き後に太尉（たいい）（軍最高司令官）まで進みますが、結局は195年に病で亡くなります。

皇甫嵩は数々の戦功を挙げながらも、仲間や部下の手柄として譲り、自らの功を誇ることがないことから他人から恨まれたり、陥れられたりすることのない清廉な武人でした。

皇甫嵩のように実力がありながら、組織に忠実である人生も素晴らしいものです。その組織が世の為に尽くしていようが、そうでなかろうかにかかわらず、組織に忠実であり続けるのは案外難しいことだからです。正しい方向に向かう船に乗り合わせていれば良いですが、正しくない方向に向かっている船に乗り合わせては、災難に遭うしかありません。

皇甫嵩がクーデターを起こして政権を担ったならば、董卓よりはマシな権力者となったでしょうし、袁紹、曹操、劉備たちの活躍も、些（いささ）か変わったものになったはずです。

組織で働く者には、必ず一度か二度の時節が到来することがあり、自分がトップの座を取りに行くタイミングや独立のチャンスもあるものです。「鶏口牛後（けいこうぎゅうご）」を狙って虎視眈々と機会を窺う気概を持つことは、人間成長の観点からは決して悪いことではありません。

195年に病没した皇甫嵩は、後漢の忠臣として『**後漢書**』に伝が立てられています。

英訳 Time is hard to get and easy to lose. Time management is essential for achieving goals and avoiding losses.

異能の人財に力を借りる

43
我をして天下に信重せしむる者は、子なり。【魏書・賈詡伝】

ワシに天下の人々の信頼と尊敬を与えてくれる者は、君だ。

前項の閻忠が若い頃の賈詡を見て、前漢の張良や陳平のような才能があると評したそうです。賈詡は涼州武威郡（甘粛省武威市）の出身で、孝廉に選ばれて洛陽に出仕します。

孝廉とは、地方の行政官が地元の若い優秀な人財を年に一度、官吏候補として中央に推挙する制度です。「親孝行で正直な者は政治においても有能であろう」という儒教の基準での人財登用は、前漢の武帝の時代に始まり、地方の有力者の子弟が選ばれる仕組みでしたが、流石に如何に縁故であっても、愚鈍な者では推薦の対象にはなりませんでした。

董卓が後漢の実権を握ると、涼州人の若手官吏ということで賈詡は、討虜校尉（将校）に任ぜられます。董卓が暗殺された後、副将の李傕、郭汜、張済らが涼州へ逃亡を論議する中、「軍勢を率いて長安を攻めて、董卓様の復讐をするべきです。うまくいけば天下を取れるでしょうし、うまくいかなければその時に逃亡すれば良いでしょう」と賈詡は献策します。

李傕らは「尤もだ」と長安を攻めて占領に成功し、賈詡に感謝して高位を与えようとします。

――此救命之計、何功之有。（此れ救命之計なり、何の功之有るや）。

漢文 使我信重于天下者、子也。

「生きる為の計略でしたので、何の功績がありましょうか」と賈詡は固辞します。その智略を認められましたが、器の小さい李傕のもとを離れ、賈詡は同郷の段煨（だんわい）という将軍の所に身を寄せた後、南陽に割拠する同郷の張繡（ちょうしゅう）から参謀役（アドバイザー）として迎えられます。曹操が199年に張繡を攻撃した際、賈詡は策を講じて大いに活躍し、曹操の猛攻を防ぎ切ります。

翌年の**「官渡（かんと）の戦い」**の際、賈詡は張繡に「強大の袁紹でなく弱小の曹操の味方をすべし」と進言します。敵の曹操と組むことに仰天して、逡巡する張繡を賈詡は次のように諭します。

「袁紹軍は強大ですので少ない軍勢では尊重しないでしょうが、曹操軍は弱小なので味方するとなれば感謝するでしょう。野心ある曹操ならば遺恨など忘れる度量があるはずです」

賈詡の予想通りに曹操は張繡を歓迎し、賈詡の手を握りながら本項フレーズで激賞した曹操は、賈詡を自らの幕僚（スタッフ）に迎え入れます。官渡での睨（にら）み合いが続いて兵糧が乏しくなって来た時、曹操は賈詡に不安を漏らします。それに対して賈詡は、次のように応えます。

「聡明さにおいて袁紹に勝ち、勇猛さにおいても袁紹に勝ち、人の使い方においても袁紹に勝ち、機を逃さず決断する力においても勝っています。半年かかっても袁紹を倒せないのは、万全を期しているだけでしょうから、チャンスが来たらご決断するだけです」

賈詡のこの言葉に勇気づけられた曹操は攻勢に出て、袁紹を打ち破ります。賈詡の明察力は神業レベルで、当時において随一の異能者ですが、曹操はその賈詡を使いこなしました。

英訳 You are the person who gives trust and respect from the people of the world.

参謀役の助言テクニック

44

袁本初、劉景升父子を思うなり。

【魏書・賈詡伝】

袁本初と劉景升のところの親子のことを考えていました。

賈詡は董卓、李傕、段煨、張繡といった梟雄に仕えてから、曹操のところへ中途採用された訳ですが、他の幕僚や参謀役の誰よりも長生きをして、文帝曹丕の時代にもその地位を保って生涯を全うしました。

トップに側近く仕える幕僚や参謀役は、若死にでもしない限り、その明敏な頭脳に嫉妬や警戒心を抱いたトップから、ある一定の目標に達した時点で抹殺されたり、不遇に追い込まれたりします。トップの恥部や失敗をつぶさに知る立場にいることが、かえって不興を買ってしまうからです。

賈詡の老獪さというか狡猾さというか、その惚けた態度が窺える逸話があります。

曹操が自らの後継者問題に悩んだ時、重臣たちは曹丕を押すグループと曹植を押すグループに二分され、盛んに議論がなされました。

曹丕は曹操に似て文武両道のリーダーで、一方の曹植は文才については父を超えるばかりか、優れた文官たちから一目を置かれる程の天才級でした。共にトップとして政治を行うに

漢文 思袁本初、劉景升父子也。

あたって、能力的には全く遜色はありませんでした。

悩める曹操は、後継者問題に全く興味を示さず、口を挟まない賈詡に意見を求めます。何事にも熟考を重ねたかのような凄い計略を即答する賈詡が、何故か反応を示しません。

曹操はイラっとして、

——卿（けい）は何を考え込んでいるのだ？

と詰問します。すると賈詡は惚けたかのように、本項フレーズで曹操に答えました。

後継者問題をうまく収められなかった袁紹（字（あざな）・本初）と劉表（字・景升）は、息子の代に曹操に攻め滅ぼされました。強大な領土と兵力を持ちながら、嫡子以外を後継者にしたことで、組織内に無用な混乱と分裂を生じさせて力を失ったことを利用した張本人である曹操に対して、ご自分のことは分からないものなのですねと示唆した訳です。

賈詡の答えに曹操は大笑いして、直ちに嫡子の曹丕を後継者に指名しました。曹丕の名前を言明せずに、曹操に腹で納得させて仕向ける巧みさが、賈詡の参謀役（アドバイザー）としての持ち味です。

参謀役（アドバイザー）は単に直言すれば良い、諫言すれば良いのではなく、やはりヒントを与えて、トップ自らに気付かせる、選ばせる、判断させるというテクニックを備えることが肝要です。

賈詡は結果的に文帝曹丕にも感謝され、魏において長く重用されて、２２３年に77歳で天寿を全うすることができました。

英訳 I was thinking of the fathers and the sons of General Yuan Shao and General Liu Biao.

層が厚い組織は強い

45 天の助く所は順、人の助くる所は信なり。【魏書・何夔伝】

天が援助するのは順であり、人が援助するのは信である。

何夔は豫州陳郡（河南省周口市）の出身で、曽祖父は後漢の安帝の治世（三国時代の50年程前）に車騎将軍にまで昇りました。しかしながら、何夔は子供の頃に父を亡くした為に、逆境の中、母と兄と質素に暮らしながらも、8尺7寸（約2m）の長身で美形な人物に成長しました。やや諸葛亮と生い立ちが似ています。

戦乱を避けて移住した淮南で、何夔の噂を聞きつけた袁術が召し出します。頑なに拒むものの、出仕を余儀なくされますが、やがて袁術の下を脱出して故郷へ帰りました。

196年に曹操が後漢の献帝を許昌に迎え入れると、献帝は曹操を司空・車騎将軍に任じます。後漢において官僚の最高位は、司徒、太尉、司空の「三公」と呼ばれた三つのポストです。この三公はそれぞれ幕僚として掾属、即ち現代日本の官僚組織で言えば俊英の大臣官房、企業で言えば経営企画室の精鋭メンバーを置くことができました。司空となった曹操は新たに若い人財を掾属として募集し、何夔はその中の一人として曹操に出仕します。

曹操は単に優れた人財を集めるだけでなく、直々に厳しく自ら人財を鍛えていました。

漢文 天之所助者順、人之所助者信。

掾属が職務に関して間違いを犯すと曹操は、杖で容赦なく叩きました。そこで何夔は常に毒薬を懐に隠し持ち、もし曹操からお仕置きを受けそうになるならば、直ちに毒を仰ぐ覚悟で仕事に臨んだそうです。この決死の気迫が曹操に伝わったのでしょうか、何夔だけは一度も曹操から叩かれることがなかったそうです。

　ある時、袁術の陣営は統制が取れなくなっているという情報を耳にした曹操は、袁術に仕えていた何夔にその真偽を尋ねます。何夔は本項フレーズを述べ、次のように続けます。

「袁術には順も信もないにもかかわらず、天と人の援けを期待しています。これでは天下に志（こころざし）を得ることはできないはずです。道義に外れているので、兄の袁紹とも不和ですから、そこに仕える者たちのレベルも推して量るべしかと存じます」

――組織運営（マネジメント）するトップが人財を逃せば滅亡する。袁術は君を用いることができなかった。ならば混乱も当然のことだなと曹操は、満足気に述べました。後に何夔は郡太守を歴任し、文帝曹丕の代には魏の列侯（貴族）に叙せられました。

　如何にトップが優秀な人財を集めることが大切であるか、そしてまた、如何にして優れた人財は時流に乗ったリーダーに仕えて自分の能力を発揮することが大切であるかということを何夔は教えてくれます。

　何夔は現代企業ならば執行役員（シニアオフィサー）クラスでしょうか。曹操の組織では上級（シニア）・中間管理職（ミドル・マネジメント）の人財の層が厚く、大いに恵まれていたという代表の一人です。

英訳 Those who receive help from heaven will bring about order, and those who receive help from the people will gain trust.

コラム　三国志余聞⑧

偽皇帝・袁術

器量も小さく無能にもかかわらず「皇帝」を僭称したとして、袁術は『**三国志演義**』の中でも最も愚か者の代表の一人として扱われている。しかしながら、異母兄の袁紹に従って腐敗した宦官の皆殺しに加わった若き日の袁術は、武名を天下に轟かせる期待の英傑の一人であった。

袁術は後漢の名門である汝南袁氏の嫡流筋であり、父の袁逢は司徒にまでなった。異母兄の袁紹と違って袁術は正室の嫡男であったことからプライドも高く、いつの頃からか袁紹をライバル視して仲違いする。「兄弟は他人の始まり」の見本のようだが、袁術も異母兄の袁紹と同じく結局は敗者となった為、『**三国志演義**』では悪名しか残っていない。

袁術は反董卓の機運が高まるどさくさに紛れて、後漢の建国者である光武帝劉秀の故郷である南陽郡を占拠して太守となった。当時200万もの人口を抱える豊かな地を支配したことから、自らの運命を光武帝に重ねるようになり、煽てて祭り上げる人間が周りに集まってきたこともあり、勘違いしたのかも知れない。

袁術一人が突然に狂って「皇帝」を僭称したのではなく、皇帝の下で官位官職や名誉、財産を得ようと目論んだ慮外者がわんさか溢れており、そうした輩に半ば担ぎ上げられたのではなかろうか。

袁術は孫堅・孫策親子のスポンサーとなったり、一時は陶謙、呂布、劉備などの群雄たちも頼って来たりしているので、武力と財力を持つだけのような決して魅力のない無能なリーダーであったとは思えない。

今日まで袁術のものと伝えられている立派な陵墓が残されていることを見れば、人々に嫌われる程に過酷な徴税を行って悪政を敷いただけの暗君などでなく、少なくとも死後も一定期間は地元ではそれなりに崇敬された資質あるトップであったことが窺える。

　豊富な資金を背景にして勢いに乗り「時代の寵児」と煽てられたトップは、現代においても数多くいる。世の中を動かす程の実力を持ったリーダーであっても、ちょっとしたポイントでの判断ミスや運に恵まれずに没落してしまうことは世の常であり、大なり小なり組織や業界においても、袁術のような立場に自らがなることも決して少なくない。物語の合間にそんなことを感慨深く思い起こさせるところに、『三国志』を読む愉しみがあるのかも知れない。

▲袁術の墓（安徽省淮南市）

46

まずトップが本気を見せる

君は上に於いて劣り、吏は下に於いて禍となるなり。

組織においてトップは、上にあって過ちをなせば、メンバーは下にあって災難となる。

【魏書・司馬芝伝】

司馬芝は司隷河内郡温県（河南省焦作市温県）を本貫とする司馬一族で、司馬懿の族兄にあたります。どういう経緯があったか不明ですが、司馬芝は母親を連れて戦乱を避けて荊州へ逃れ、十年あまり農耕生活をしていました。

２０８年に曹操が荊州の劉琮を降伏させると、荊州の優れた人財たちが曹操に登用され、司馬芝も出仕します。県令として法に厳格であったことから評判となり、大理正（検察長官）、郡太守を歴任して、その間に高官の一族や関係者であっても厳正に法に基づいて処罰を行ったことから、河南尹（河南郡＝洛陽を中心とする首都圏の長官）にまで出世します。

河南尹を11年にわたって務め、後世まで名長官として司馬芝を超える人物が出なかったとされる程の名声を博します。公私のけじめが厳格で、妻の伯父である董昭は皇帝の覚えめでたい重臣でしたが、司馬芝のことを恐れて、個人的な依頼の取次を一切しなかった程です。

しかしながら、その一方で宮女が盗みの疑いで逮捕された時、司馬芝は曹操に進言します。

漢文 君劣于上、吏禍于下。

「拷問すれば無実の罪でも認めるでしょうから、冤罪になっては大変です」

「成程」と曹操も同意して釈放しました。また曹洪と明帝曹叡の娘の関係者が罪を犯して投獄された際、卞皇太后から酌量の強い要請にも司馬芝は躊躇せず、死刑を執行しています。

「抑強扶弱（強きを抑え、弱きを扶ける）」が、司馬芝のポリシーでした。

河南尹に在任中、自分の組織に属するメンバーたちに訓戒を明確に与えています。

- **トップはルールを定めることはできるが、メンバーに違反させないようにはできない。**
- **メンバーはルールに違反することはできるが、トップにばれないようにはできない。**

組織におけるルールを定めて違反されればトップの失態であり、ルールに違反していることが露見すればメンバーの過失であると明言し、本項フレーズで組織マネジメントがうまく行かない理由がここにあると指摘します。そして、司馬芝は組織一丸となって、

――可不各勉之哉！（各が之を勉めざる可き哉！）。

「各人が努力をしよう」と呼び掛けました。このお陰でトップの司馬芝以下、組織のメンバー末端まで気合いが入り、大いに職務に励んだそうです。まさにトップの心掛け次第で、組織が一丸となってそれぞれの持ち場で能力を発揮することができる事例です。実に単純明快なことですが、トップが襟を正すこと、それ以外に組織を強固にする方法は、『三国志』の隅々を探してもどこにも書かれていません。

司馬芝は明帝曹叡に大司農（内務＋農務大臣）に任ぜられ、在任中に亡くなりました。

英訳 A human at the top of organisation makes mistakes as a leader, while a human at the bottom experiences misfortunes as a member.

ブレない強い意志を持つ

47 已に倶にせんや、之を棄つるは不義なり。【魏書・華歆伝注】

既に連れになっているのだ。彼を見捨てるのは薄情だ。

青州平原郡高唐県（山東省徳州市）の生まれの華歆は、霊帝の時代に孝廉（キャリア官僚候補）に推挙されて役人になります。街道沿いで繁華街が賑わう街の役人でしたが、同僚とは違って華歆は仕事が終わると家に直行して、全く遊び歩かなかったそうです。

189年に大将軍の何進は、地方で名声のある若手の鄭泰、荀攸と共に華歆を中央に召し出します。董卓が実権を握った後は袁術に仕えますが、袁術とは反りが合わずに去ります。やがて献帝から豫章太守に任ぜられ、公平で清廉な統治を行ったことで知られます。

200年に華歆は曹操の推挙で要職を歴任し、荀彧の後を継いで尚書令（行政長官）となります。214年には曹操の参謀役（アドバイザー）となり、更には後漢の御史大夫（副宰相級）にも任ぜられます。曹丕が皇帝に即位すると、華歆は魏の司徒（宰相級）に任ぜられます。

高位に昇り詰めても華歆は粗食で清貧を貫き、ある時に皇帝が高官たちに国が管理する女奴隷（犯罪者の婦女子）を下賜した際、華歆は全て奴隷身分から解放してやったそうです。明帝曹叡が即位しても重用され、博平侯に封じられて太尉（軍最高司令官）となります。

漢文 已与倶矣、棄之不義。

230年、曹真が秦嶺山脈の子午街道を南下して蜀へ進軍します。蜀の第一次北伐の際に魏延が通ろうとしたルートの逆を行く策で、華歆はその困難さと無謀さを見抜いて進言し、明帝曹叡は曹真に撤兵を命じました。その翌年、華歆は亡くなります。75歳でした。

華歆は単に清廉で真面目で慎重な性格であっただけでなく、男気に溢れる偉丈夫でした。董卓によって動乱が起きた時、華歆は鄭泰らの仲間6、7人と共に長安から間道伝いに武関へ向かう際、道すがらある男が一人では心もとないので、一行に加えて欲しいと懇願します。皆は可哀そうに思って受け入れようとした時、

「危険な状態にある今、災難に遭っても皆で心を一つにする友誼が大切。他人を加えた場合、万が一の時に見捨てられないぞ」

華歆だけは反対しますが、結局は一行に加えます。するとその男は間抜けなことに、途中で井戸に落ちてしまいます。皆が今度は見捨てようとしますが、華歆は本項フレーズで、一旦仲間になった者を置き去りにするのは義に欠けると説得して皆で助け出しました。

一度引き受けたり決断を下したりしたならば、最後まで何があっても徹底するというブレない強い意志こそ、リーダーたる者にとって最も備えなくてはならない重要な資質です。

華歆が乱世の波乱の時代において、見事に組織のトップに昇り詰めて生涯を全うすることができた秘訣が、本項フレーズから窺えることができます。

英訳 Once he becomes a teammate, abandoning him is an injustice.

学ぶことに終わりはない

48 読書百篇、義自ずから見らわる。

【魏書・王朗伝注】

読書も百篇すれば、その意見も自然と理解できる。

本項フレーズは、初めは意味が分からない難しい本も、何度も読み返せばその内容を理解することができるようになるということです。

董遇は董卓の乱を避けて兄と共に、群雄の一人である段煨の庇護を受けます。貧しい生活の合間も本を手放すことがなく、兄に笑われても読書をやめなかったそうです。

218年に曹操の暗殺未遂事件があった際、董遇は関与を疑われて曹操から遠ざけられます。やがて皇帝となった曹丕に引き立てられ、曹叡の時代には大司農（内務＋農務大臣）にまで昇ります。

後漢の献帝の世から学問の道が大いに廃れたそうですが、いわゆる戦乱期でしたので、落ち着いて学問ができる環境ではなかったのは当然のことでしょう。凡そ5000万人の人口を抱える当時の後漢には、全土で2万人の官吏がいて、その中でも1万人が中央政府に出仕していたそうです。更に宮廷に出入りすることができる高級官僚は、大臣クラスを含めて400人程度でしたが、古典に造詣の深い者はその内の数十人もいなかったと言われていま

漢文 読書百遍而義自見。

す。

自分の意思でコツコツ勉学に励んだ者は極めて少なく、その中で特に儒学者として知られた7人の大家の一人に董遇がいました。董遇は『老子』の注釈を書き、『春秋左氏伝』にも非常に詳しく、弟子たちには無理に教えることはなく、

――先当読書百遍。（先(ま)ず読書百遍(どくしょひゃっぺん)に当(あ)たる）。

「まずは本を手に取って百回読みなさい」

と言って、本項フレーズでその効果について端的に諭しました。すると弟子の一人が、

「生活が困窮しているので、そんな時間的な余裕はありません」

と訴えました。そこで董遇は、

「三つの残りを使えば良いだろう」と答えます。その意味は、

――冬は一年の残り、夜は一日の残り、雨は季節の残り。

つまり、冬と夜と雨の日にこそ、時間を無駄にせず、読書の時間に充てなさいと教えている訳です。現代に置き換えれば、通勤中、就寝前、出張中など、あらゆる時間を怠惰や酒に浸らずに、限られた時間を有効に使えばよいということではないでしょうか。

読書離れが叫ばれてから久しくなりますが、ネット情報で様々な名著の要約を簡単に読むこともでき、薄いノートサイズのタブレットに何千冊の本を保存して持ち歩くことができる時代に私たちはいますので、董遇ならば現代人の環境をさぞ羨むことでしょう。

英訳 Reading a book one hundred times clarifies its meaning.

逆境を跳ね返す力があるか

49 意に将軍は、殆ど時に臨んで惧る、然らずんば、何ぞ之を慮ることの深ざるや。【魏書・程昱伝】

事態を前にして気後れしていますか。どうして深く思慮を巡らさないのですか！


程昱は文官ながら身長8尺3寸（約190㎝）もあり、顎と頬に立派な髭を生やしていたそうです。現代人がイメージする関羽像に、似ていた人物でしょうか。

程昱は兗州東郡東阿県（山東省聊城市東阿県）の人で、兗州刺史の劉岱が黄巾賊に殺害され、兗州に乗り込んで来た曹操を時代の英雄として見定めて、自ら仕官を申し出ます。

194年に曹操が徐州の陶謙征伐に赴いた時、曹操は本拠地である鄄城の留守を程昱と荀彧に命じます。突如、曹操の盟友である張邈が反旗を翻しました。張邈は呂布を招き入れて濮陽（河南省濮陽市）を攻撃して夏侯惇を捕虜にし、瞬く間に兗州の諸城を降伏させます。

『後漢書』によると兗州には80の城市があり、全体で40万の人口を数えたそうですが、そのうちの鄄城、范、東阿の三城だけが辛うじて曹操サイドで残りました。まさに風前の灯です。

しかしながら、その三城を程昱と荀彧は、曹操が帰還するまで何とか守り抜きます。

呂布は濮陽に籠城して一年以上にわたり、曹操と激戦を繰り広げます。旱魃と蝗害で兵糧

漢文 意者将軍殆臨時而惧、不然何慮之深也！

の尽きた曹操のもとに、袁紹から援助の申し出が舞い込みます。その条件は、

――曹操の家族を袁紹の本拠地である鄴へ移住させること。

つまり、人質を寄越せと言うことです。流石の曹操も窮地に陥っていたので応じようとします。それを聞いた程昱は、曹操に対して本項フレーズを述べてから、続けて直言します。

「袁紹は広大な領土を持ちながらも智略に欠けています。その傘下に入るのですか。兗州が取られたとはいえ、三城がまだあり、精兵も1万もいます。将軍の勇気に加えて、荀彧とわたくしの策があれば、覇業を成し遂げられます。ご再考下さい」

曹操もハッと気付いて、袁紹の申し出を断りました。そしてこれ以降、攻勢に転じた曹操は、呂布、袁紹を破って遂に河北を平定しました。その時に曹操は、

「卿の言葉がなければ、ここまで来れなかった」と真っ先に程昱に感謝したそうです。

この逸話は企業トップが心に留めるべきものです。曹操でさえ、窮地に追い込まれると弱気になっているからです。これは現代の企業において資金繰りで行き詰まりそうになり、大手企業やファンドからの援助の申し出があった時と全く同じ状況です。

逆境で発奮しないリーダーは、人生の勝者たりえません。西洋で言えば、カエサルもナポレオンも窮地に追い込まれても、最後まで諦めませんでした。中国史に名を刻む英雄にも同様の話は多く、前漢を建国した高祖劉邦、後漢を建国した光武帝劉秀は、ギリギリまで追い詰められても最後まで音を上げず、逆境を克服して最後は皇帝にまで昇り詰めました。

英訳 Do you become diffident in anticipation of a situation? Why do you not utilise deep contemplation?

50 兵は神速を貴ぶ。

【魏書・郭嘉伝】

組織の行動は、神業のようなスピードが最も大切です。

組織一丸となって戦わねばならない時、迅速な対応によって行動を起こす必要がある時、本項フレーズは最適な言葉です。組織存亡の危機となるような事態、事故、不祥事が起きた際の対応、新しい市場へ撃って出る時や新商品の展開には、スピードが最も大切です。

本項フレーズは、荀彧や賈詡と並んで優れた幕僚の一人として曹操に仕えた郭嘉が、曹操に献言した時に述べた言葉ですが、『孫子』にある「兵は拙速を尊ぶ」をもじったものです。

――故兵聞拙速、未睹巧之久也。（故に兵は拙速を聞くも、未だ巧の久しきを睹ざる）。

孫子は勝利を得る為には完全な戦略を練るよりも、兵をとにかく速く動かせと説いています。グズグズして勝機を逃すのであれば、多少は不完全な状態であっても機先を制することの有利さを指摘しています。

選択肢が多い時、トップでなくとも熟慮を重ねようとします。失う物事を多く抱えた時には、どんな組織のトップであっても躊躇するのは当然なことです。

そんな時、「グズグズと迷っている場合ではない」と第三者的な客観的なアドバイスを短い

漢文 兵貴神速。

言葉で、スパッと直言できる有能な参謀役は重要です。曹操は人財獲得に熱心でしたので、綺羅星の如く有能なスタッフを抱えていましたが、中でも郭嘉は逸材でした。

郭嘉は豫州潁川郡陽翟県（河南省禹州市）の出身で、春秋戦国時代の韓非と同郷です。若い頃から学問に優れていたので、『韓非子』や『孫子』などの古典に精通していたのでしょう。はじめ袁紹に仕官しようとしましたが、その人物に落胆して去り、同郷の荀彧の推薦で曹操に出仕します。郭嘉が初めて曹操に対面した時、**「ワシの大業を成就させるのは、この者だ」**と曹操から激賞されて、直ちに参謀役に取り立てられます。トップと面接した当日に、経営戦略を担う最高幹部に抜擢された訳です。

２０１年、袁紹の息子である袁熙が北方異民族の烏桓のもとへ逃れ、曹操が遠征を行おうとした時、劉備が背後から攻めて来ることを警戒した将軍たちが逡巡して議論をしていると、郭嘉は本項フレーズで、軽装備の騎兵で眼前の敵を直ちに討つべしと提言しました。曹操は烏桓を急襲して見事に降伏させますが、その帰途に38歳で郭嘉が亡くなってしまいます。

ビジネスを戦争にたとえることを躊躇する経営トップがいますが、組織のメンバーやその家族、株主や取引先、下請け業者を大きく包含した利害関係者と考えれば、激しい競争を生き抜くことはまさに戦争ではないでしょうか。ビジネスでも戦争でも、リーダーたる者は何事も迅速に判断・処理することが極めて重要です。

英訳 Prompt actions bring success.

情報戦への対処法

51 宜しく密を以て権に応じ、而して内には之を露すべし。

秘密にすると言っておいて、内々には情報を流しましょう。

【魏書・董昭伝】

裏切りや変心・変節といった行動と、方針転換との境はどこにあるのでしょうか。中国の歴史を紐解けば、裏切りや約束を違えて、相手を打倒した話は枚挙に暇がありません。

中国人の思考を考える時、有利な状況や結果を得て利益となるならば、盟約や協定に違反することは決して悪ではなく、正当な行動と容認する性質があります。仁徳で知られた劉備は、益州の劉璋に招かれた千載一遇のチャンスに賭けて、蜀を奪うことに成功しています。

日本の戦国武将では、武田信玄、松永弾正、最上義光、宇喜多直家あたりは、神に誓った約束でも平気で破って相手を討滅している事例があります。現代の日本人の価値観とは大きく違う点ですが、現代の日本人が幾ばくか平和ボケしているのかも知れません。

現在の国際情勢が極めて厳しく、且つ激しい生存競争にさらされている中、日本の様々な組織のトップは、本項フレーズから学べば、多大な益を享受することができるはずです。

荊州南部を占拠とする劉備の動きに苛立った呉の孫権は、208年の「**赤壁の戦い**」で干

漢文 宜応権以密、而内露之。

戈を交えたばかりの敵国の魏に接近します。孫権は劉備に一時的に貸したと認識していた荊州を奪回する目的の為ならば、昨日の敵とも手を組むという合理的判断です。

その荊州を守る為、劉備の義弟の関羽は、荊州に侵攻して樊城（湖北省襄陽市）に籠る魏の曹仁を大軍で包囲します。それを知った孫権は魏に使者を派遣して、荊州南部の二都市・江陵と公安に攻撃を仕掛けるので、関羽を挟撃しようと誘います。その時に、孫権の使者は情報が漏れないようにと強く要請します。曹操は重臣たちに諮ります。

「**軍事は権を尚び、合宜に期す**」と前置きして、董昭が本項フレーズで進言します。

軍事は「**臨機応変**」が大切であり、この状況を利用し、呉には内緒で情報戦を仕掛けることを提言します。曹操はそれを受け入れて、直ぐに孫権からの手紙の写しを矢に括り付け、樊城内の魏軍と関羽の陣へそれぞれ射込ませます。その手紙を読んだ城内の魏軍の士気は上がり、関羽は激怒して包囲を解くか躊躇します。その決断を下す前に、陸遜率いる呉軍から背後を攻められた関羽は敗北し、斬られて首級が曹操のところへ送られる羽目になりました。

現代に置き換えれば、怪文書や告発文を企業のコンプライアンス担当へ投書するのと同じようなことでしょうか。投書類はその真偽を調べるのも大切ですが、どのように判断を下して処理を行うかが大切です。間違えれば、関羽と同じような憂き目にあうことになります。流石に現代社会では、文字通り首が胴体から離れるような結果にはなりませんが、組織に大きなダメージをもたらすことは言うまでもありません。

英訳 To keep a secret while leaking information secretly.

52

一対一で議論を深めろ

精神は学びて得る可きや。

気合いは学んで身に付けることができるものだろうか。

【魏書・劉曄伝注】

揚州阜陵国成徳県（安徽省淮南市寿県）の出身の劉曄は、後漢の光武帝劉秀の息子・阜陵王劉延の子孫で、父の劉普は成徳侯という本物の皇族です。曹操を「乱世の奸雄」と見立てた許劭が、揚州に戦乱を避けて来た時、劉曄を「王佐の才」があると評したそうです。

劉曄は7歳で亡くした母の遺言に従って、13歳の時に父の側近で悪事を働く者を殺す程の豪胆さを示し、20歳の頃には地元の荒くれ者たちを成敗する腕力と度胸のある男でした。

曹操が揚州を支配下に置くと、地元で優れた人財と名高い5人の若者を召し出しました。その中には蔣済（後に魏の太尉）、胡質（同じく荊州刺史）と共に劉曄もいました。曹操のいる鄴までの道中の宿では、蔣済らは曹操が質問するであろう揚州の現況や歴史、用兵術や様々な想定問答について、寝ずに明け方まで議論する中、劉曄はいつもゴロンと寝転んで何も発言しなかったそうです。不思議に思った蔣済が声を掛けると、劉曄が答えます。

――優れたトップに対する時は、気合いが入っていないと認められないものだ。

学問だけの知識では所詮は机上の空論に過ぎず、学問では得られない熱い志や気概がな

漢文 精神可学而得乎。

ければ、曹操の心は掴めないと喝破して、本項フレーズで問い掛けました。

鄴に着いてから5人は、曹操の引見を受けます。案の定、曹操から色々な質問が出され、劉曄以外の4人は争って曹操に答えますが、劉曄は口を開きませんでした。何回か同じような引見があってから、曹操が何も質問を発しなかった時、初めて劉曄が口を開きます。

――本当に深い議論をお望みなら、一人だけを召し出して尋ねるべきであり、座談をさせても意味がありません。

劉曄のその気合いの入った言葉に、曹操がハッとします。やがて曹操は4人を県令に任じ、劉曄だけは参謀役（アドバイザー）に取り立てます。以後、劉曄は持前の**「先見の明」**で、呉や蜀に対しての的確な献策を曹操に行う有能な幕僚（スタッフ）として重宝されます。トップが優秀な人財の知恵を借りようとする時は、マンツーマンの密談でなければ、人財同士が互いに牽制し合って本当の良策が出ないことが、往々としてあることを留意しなくてはいけないという逸話（エピソード）です。

魏に帰順した蜀（しょく）将の孟達（もうたつ）を気に入って文帝曹丕が厚遇した際、劉曄は司馬懿と共に孟達は必ず謀反を起こすと諫めています。後に孟達は謀反を起こして、司馬懿に誅殺されます。

劉曄は明帝曹叡の側近としても仕え、しばしば夜を明かして議論する程で、大鴻臚（だいこうろ）（外務大臣）にまで任ぜられます。しかしながら、劉曄は皇帝の意見に迎合するだけの不忠者であるという諫言を信じた明帝の信任を失い、後に劉曄は発狂して亡くなってしまいました。

英訳 Is the spirit something that I can learn and master?

人財を生かせないのはトップの怠慢

53

然れど賢を好めど、用いるを能わず、故に奇士之を去る。

優れた人間を好みながら、任用しないので、だから人財は去りました。

【魏書・王粲伝】

曽祖父や祖父も「三公」にまで昇った後漢の名門に生まれた王粲は、子供の時に大学者の蔡邕がその才能を認めて、その蔵書を譲る程の優れた人物でした。まさに博聞強記の人で、何を聞かれても答えることができたそうです。

ある時、友人と道端の石碑を読んだ後、一度で覚えられるのかと友人が試すと、石碑に背を向けてスラスラと一字の誤りもなく暗誦してみせた程、抜群の記憶力の持ち主でした。

囲碁の対局を見物している時、盤面の石がグチャグチャになってしまったのを見た王粲は、元の局面通りにサッと石を置き直しました。疑う対局者に対して王粲は、その盤面を布で覆ってから、別の碁盤に同じように再現してみせます。一手も誤りがなく、誰もがその記憶力に神業と舌を巻きました。暗算も得意で、文章や弁舌にも巧みであったと言われています。

董卓亡き後の戦乱を避けて都を離れ、流浪の末に王粲は荊州の劉表に仕えますが、あまり風采の良くない王粲は、劉表に重用されることはありませんでした。

漢文 然好賢而不能用、故奇士去之。

２０８年に劉表が亡くなって息子の劉琮が後継者となった際、荊州に攻め寄せる曹操に対して、いち早く降伏するように王粲は劉琮に勧めました。後に曹操は王粲を幕僚に加えて、関内侯（漢における二十段階の爵位の下から二番目）に取り立てます。

ある時、漢水のほとりで酒宴が開かれた時、王粲は杯を挙げて曹操を讃えます。

――袁紹は河北に起こり、多勢を恃んで天下を併呑しようとしました。

王粲はそう述べてから本項フレーズで、人財を有効に生かせなかった袁紹のトップとしての愚を指摘し、劉表については、自らの不遇を重ねて次のように語ります。

――世の変化を横目でみながら、劉表は荊州の主という殻に閉じ籠り、戦乱を避けて多くの人財が荊州に逃れて来たにもかかわらず、任用しませんでした。

そして更に、如何に曹操が人財を集めて、それを活用することに熱心であるかと訴えます。

――文武官をそれぞれ適材適所に用いられ、多くの人財がトップ（曹操）の為に力を尽くそうとしています。まさに古の聖王の偉業に匹敵しましょう。

勢いのある組織には自然と優秀な人財が集まりますが、その見切りも早いものです。いつの時代にも曹操のようなトップは稀で、袁紹や劉表のようなトップが多く見受けられます。

組織はヒトであることは、誰もが承知しています。トップは曹操と同じように優れた人財を辞を低くして集め、その人財を「**適材適所**」に配置して任用する、この二つだけを徹底して心掛ければ、強い組織をつくり上げることができます。たったそれだけで良いのです。

英訳 In his fondness for wise person, he did not make use. Therefore, that excellent person went away.

コラム　三国志余聞⑨

崔琰と孔融と楊脩

後漢は歴代皇帝が初代と二代を除いて即位時に20歳を超えていた者はなく、幼君ばかりであった上に成長しても30代で軒並み崩御したことから、母親の親族である外戚、または赤子の頃から面倒を見てくれた宦官、この二つの勢力が常に政権を求めて争い合うことになった。いずれにしろ権力を握った方は、汚職に手を染めたことから、後漢の政治は腐敗した。

それにもかかわらず200年近くも後漢が存続したのは、初代皇帝の光武帝劉秀の優れた統治政策と、それを受け継いだ二代皇帝の明帝劉荘が確固たる基盤を築いたこと、そして何よりも清貧を善しとする優れた人財が名士層（エリートクラス）を形成し、官僚となって国家統治に参画するという制度がしっかりと整備されていたことにある。

一部の名士（エリート）は、清貧を旨として「清流派」を自称し、宦官と結ぶ反対派を「濁流派」として侮蔑した。宦官の養子である官僚の息子であった曹操は、「濁流派」の中でも「清流派」に近いという中途半端な立ち位置にあった。

曹操の養祖父にして巨万の富を有した宦官の曹騰のお陰で、普通の名士（エリート）とは比べ物にならないくらいに恵まれた環境で育った曹操は、「清流派」に属する名士（エリート）には、極めて冷淡であった。その筆頭が袁一族であり、三国時代に終止符を打って晋を建国した司馬一族もそのうちの一つであり、前項の王粲（おうさん）一族である。

曹操の旗下に従いながら、最後は曹操によって処刑された名士（エリート）と言えば、崔琰（さいえん）、孔融（こうゆう）、楊脩（ようしゅう）の3人であろう。

袁紹親子に仕えてその清廉さで名の知られた崔琰は、曹操が丞相となると尚書に任命されて辣腕を振るった。後継者問題で悩む曹操からの下問に対し、崔琰は兄の娘が曹植に嫁ぎながらも、曹丕を後継者に推挙したことから、曹操は崔琰の人物を高く評価した。司馬懿の才能を早くから認めたのは、この崔琰である。

崔琰は非常に威厳があり立派な風貌をしてお

り、匈奴の使者が曹操のもとに訪れた時、小男で容姿が優れないと自覚していた曹操は、崔琰を身代わりにして、曹操自身が護衛の振りをして、匈奴の使者に見抜かれた逸話がある。後にこの崔琰は無実の罪で曹操によって投獄され、獄に繋がれていても威風堂々としていたので、激怒した曹操によって２１６年に処刑された。53歳であった。

孔融は孔子20世の孫で、子供の頃から聡明で知られていたが、10歳の時にある高官から「子供の時に頭が良くても大人になってから頭が良いとは限らない」と嫌味を言われた際、「お役人様は子供の頃はさぞかし利発だったのでしょうね」と答えた逸話で有名。崔琰と同じく直言すること憚らず、曹操に嫌われて２０８年に56歳で処刑された。

この孔融と共に「許昌には二人の人財しかいない」と称された楊脩は「四世太尉」を出した名門中の名門で、先祖である楊敞は前漢の昭帝の丞相を務めた。あの司馬遷の娘婿である。２１９年に曹操が漢中で劉備と持久戦となった時、曹操が「鶏肋」と呟いたことを「捨てるに惜しいが食べる程に肉がない」と瞬時に悟った明晰な頭脳を曹操に疎まれて、２１９年に45歳で処刑された。母が袁紹・袁術の従妹であったことも、曹操の不興を買った一因であろう。

気宇壮大で優れた人財を迎え入れる姿勢を崩さなかった曹操だが、一面では「清流派」の名士に対しては極めて冷淡で、時には辛辣だ。如何なる英雄といえども、男の嫉妬は怖いという事例ではないだろうか。

▲孔融の墓（山東省淄博市）

▲楊脩の墓（陝西省華陰市）

54

敵対する人物を受け入れる胆力

経に違えど道に合わば、天と人、之に順う。【魏書・王粲伝】

超法規的な手段であっても、正義の為であれば、何事も可能である。

三国時代のきっかけとなったのは、後漢末期の１８４年に起きた「黄巾の乱」です。時の後漢の霊帝は寵愛する皇后の兄の何進を大将軍に抜擢して、反乱の鎮圧にあたらせます。何進は元々は肉屋の主で、妹のお陰で宮廷で出世しただけですが、配下に皇甫嵩、朱儁、盧植、張温といった綺羅星の如くいる名将たちの活躍によって平定に成功します。

やがて霊帝が崩じて何進の幼い甥が皇帝となるや、宦官の専横を憎む文官と武官たちは、何進にクーデターを起こして宦官を排除するように迫りますが、何進は逡巡します。それを見かねた何進の主簿、即ち秘書室長として仕えている陳琳が、次のように何進を促しました。

「兵権を掌握しているのですから、宦官退治などは大きな炉で毛髪を一本焼くのと同じようなもの。但し、疾風迅雷の如く、臨機にご決断下さい」

野心だけで大志もない上、プロの軍人でもない何進は、イザとなるとビビりました。そこで陳琳は、本項フレーズで何進の背中を押します。しかしながら、それでも何進は決断を渋った為、宦官の反撃によって反対に殺害されてしまいました。１８９年のことです。これから

漢文 違経合道、天人順之。

280年の西晋の中国再統一まで、動乱の三国時代となります。陳琳は冀州（山西省と河北省の一部）に逃れます。何進の下で同僚であった袁紹が、冀州を併合すると、袁紹は昔馴染みで筆の立つ陳琳を秘書役として迎え入れます。袁紹が河北の統一を目指して曹操打倒を決めると、陳琳に命じて檄文を起草させます。筆を執るや一気に書き上げた文章は、袁紹の支配する領内外へ撒かれます。

この檄文を読んだ曹操は、頭から一気に汗が噴き出て、長年の頭痛が治って気分爽快になったと言わしめた程に大激怒します。204年に袁氏の本拠である鄴を曹操が陥落させた時、陳琳は捕らえられて曹操の前に引き出されました。曹操は陳琳にこの檄文を朗読させます。

「ここに書かれている曹操という奴は本当に悪人だ。読んだワシ自身も怒り心頭に発するぞ」

曹操はそう怒りながらも文章力に感心して、陳琳の文才を褒めます。曹操は問い質します。

「ワシの罪状を書くのは良いが、ワシの父を乞食とか、祖父は貪欲な宦官とか、先祖の悪口までこんなに長文で書くことはなかろう」

——引き絞った矢は射るしかありません。

つまり、やる時は思いっきりやるしかないと陳琳は答えました。

一流の詩人でもある曹操は、他人の才能を評価する目利きができましたので、陳琳の文才と職分を全うした仕事ぶりを高く評価します。曹操は笑って罪を許し、陳琳を自らの秘書役に抜擢しました。

英訳 All actions that serve justice are fair even when the means are outside the law.

メンバーの意見を丁寧に聞き入れる

55 但だ、君が当に臣を知るべきのみならず、臣も亦た当に君を知るべし。

トップがメンバーを知るべきだけではなく、メンバーもトップを知らなくてはならない。

【魏書・劉廙伝】

219年、曹操が長安に兵を進めて蜀を攻めようとした時、幕僚の劉廙が上奏文を読み上げて諫言します。劉廙の話が終わるや否や、曹操は本項フレーズで一喝してから、

「周の文王のような徳を行えと言うのか。ワシはそんな聖人ではないのが分からんのか」

と言い放ちました。曹操が決起してから30年の歳月の間、勝てない敵はいないながらも、滅ぼした袁紹と比べれば大した存在ではない孫権と劉備を服従させていない現状について、劉廙は上奏文で指摘してから、その理由は組織のメンバーが愚かで弱かった訳ではなく、トップが組織内をしっかりと未だ固め切れていないからだと直言しました。

「文王の徳」と劉廙が例を引いたのは、崇という国に三度出兵しても征服することができなかった文王が、自国の安寧の為に徳を修めたところ、崇が降伏して来たという逸話です。

「丞相も何もしないで宮殿の奥にどっしりと構えて、優れた人財を任用して経済の振興と節約に努めて十年を過ごせば、全ての人々が豊かになり、国家組織も安定するでしょう」

漢文 非但君当知臣、臣亦当知君。

この劉廙の諫言に対して、曹操は決して怒った訳ではありませんが、機を見て敏な曹操が、蜀を目前にして兵を退くなど、そんな悠長なことを言う性格でないことは、トップの側近くに仕えていながら分からんのかと叱咤したのです。

実は曹操は「直言の士」である劉廙を好み、重用していました。曹操への反乱の一味として弟が捕まった際、劉廙は連座して処刑されるところ、曹操は特別に赦免している程です。

劉廙は荊州南陽郡（河南省南陽市）の出身で、憂国の志に溢れる青年であった兄が、荊州牧の劉表に諫言し、その逆鱗に触れて処刑されたことから、荊州から亡命して曹操の掾属となりました。劉廙は曹操の幕下で、兄と同じようにトップに直言し続けました。

荊州をうまく治めながらも天下を得られなかった劉表には、諫言を聞き入れる度量がなかったこと、一方で若い人財の意見もムッとしながらも聞く耳を持つ度量が曹操にはあったことが、劉廙の逸話から窺えます。業界を制することができるワンランク上のトップが心得るべき現代にも通じる秘訣について、劉廙はこの時の上奏文で次のように述べています。

- **聖人は英知を持つからといって俗人の意見を軽視せず、王たる者は地位の低い小者だからといってその発言を無視しない。**
- **千年の後に残る大業を成し遂げる者は、必ずや身近なことによって遠くのことを察知し、また英知をもって的確な判断を下す者は、目下の者への質問を恥じない。**
- **メンバーの意見を聞き入れ、討議をし尽くして組織マネジメントを行うことが最も肝要。**

英訳 Not only must the top leader know each member, but each ember must also know the top leader.

清濁を併せて難局を乗り切る

56 此の節を以て物を格せば、失う所多く或り。【魏書・和洽伝】

節約第一を基準として物事を正せば、失うことが多くあるものだ。

曹操を「乱世の奸雄」と評した許劭によって推挙された人物は、中間管理職レベルの官吏を含めると、記録できない程の数に上りました。単に人を見定めるだけでなく、伸び悩んでいる人物にも声を掛けて推薦するなど、なかなかの人情家だったそうです。195年に中央での戦乱を避けて、豫章(江西省南昌市)に逃れて46歳で病没しています。

許劭の推挙した人財の中で、最も賢才と言われたのが、和洽です。

和洽は豫州汝南郡西平県(河南省西平県)の出身で孝廉に推挙され、袁紹にも招聘されますが応じずに、荊州に親戚と移住して劉表に上客の礼をもって迎え入れられます。しかし、

――暗愚なトップのそばに長くいるのは危険だ。

和洽は早々に見切りを付けて、南方へ引っ越します。荊州を平定した曹操は、和洽を掾属とし召し出しました。毛玠や崔琰といった曹操の優秀な若手幕僚と共に、和洽も活躍します。人財登用にあたって毛玠と崔琰は「節倹」、つまり清廉で質素であることを第一としました。

――国家組織は「適材適所」で人物本位の能力にあり、節倹が基準になってはいけない。

漢文 以此節格物、所失或多。

と述べてから、和洽は本項フレーズで節倹第一での人財登用には弊害があると指摘します。

魏の宮廷では当時、立派な服を着て良い車に乗っていると、清廉でないと指弾されることから、宮廷に参内する際、故意に新しい服を破ったり、大きな車や良い馬を隠したりするばかりか、高官でも質素な弁当を持参したりとか、上辺だけの清廉を装うような馬鹿気たことが流行っていたそうです。そこで和洽は、正しいやり方やあり方であっても、度が過ぎて極端に走れば、嘘偽りや誤魔化しが多くなるとその弊害を批判した訳です。

20世紀後半のバブル景気の崩壊以降の日本では、節約主義が企業も個人も第一となり、必要以上に清廉さや質素さが強調される社会に変容しています。「水清ければ魚棲まず」の故事の通り、あまりにも度が過ぎて他人の粗捜しばかりをし合うようでは、魚が住めない川のように、優秀どころか人っ子一人いなくなる空っぽな組織ばかりになってしまいます。

真面目で正直であることは大切である一方、清濁を併せて現実問題を対処する器量もリーダーたる者には必要です。清廉潔白の名の下に、社会が本当に必要とする有能な人財を任用するチャンスを失ってしまってはいけません。21世紀に入って20年も経ちました。令和の日本もそろそろ、節約第一主義の弊害に目を覚まして良い頃ではないでしょうか。

和洽は文帝曹丕、明帝曹叡に高官として仕え、最終的には太常（たいじょう）（祭祀長官）にまで出世しましたが、和洽自身は終生、華美を好まず質素な生活を送っていたそうです。

英訳 You will incur considerable losses if you organise things on the basis of cost savings.

自分の信念を曲げずに貫き通す

57 焉んぞ大丈夫、公と為らんと欲し、其の高節を毀う者あるや。

どこの大人がトップになりたい為に、自分の原理原則を曲げる者がいるだろうか。

【魏書・辛毗伝】

意志が強く権力や金力に屈せず、容易に自分の信念を曲げない男のことを「硬骨漢」と言いますが、現代日本の社会では、死語になりつつある古き良き言葉の一つです。単なる頭の固いオヤジとは違って、正義と正統性を貫き続けることによって、自らの立身出世や富貴となるチャンスを見送ることを厭わない気高さには、爽やかさが強く宿るものです。

辛毗は豫州潁川郡陽翟県（河南省禹州市）の出身で、兄の辛評が袁紹の重臣となったことから袁紹に出仕し、袁紹の死後はその長男の袁譚に仕えます。204年、曹操への使者として遣わされた際、袁譚と和睦することの利について、理路整然と説いたことから曹操に有能だと認められ、そのまま曹操のもとに引き留められます。

一度は袁譚と曹操の和睦が成りますが、弟の袁尚を破って勢力を拡大した袁譚は曹操と反目します。翌年、曹操によって鄴が攻略されて袁譚が滅ぶと、辛毗は曹操の幕僚に加わり、特に曹操の息子である曹丕に気に入られます。

漢文 焉有大丈夫欲為公而毀其高節者邪。

曹丕が皇帝に即位する際に一役を買ったこともあり、辛毗は諫言役として宮廷で重きをなします。明帝曹叡の世になると、曹操時代からのキャリア官僚の劉放（りゅうほう）と孫資（そんし）が皇帝の寵愛を受けて政治を壟断します。この二人は有能な文官でしたが、小役人がそのまま大臣になったような軽量級な人物だけあり、正論を吐く重鎮の辛毗を疎んじて政治の中枢から遠ざけます。

他の大臣たちと同じように、劉放と孫資に賄賂を贈ったり、媚びたりしない父を見兼ねた息子の辛敞（しんしょう）が、世の中に合わせて少し妥協をして二人との誼（よしみ）を通じるように進言します。

「ワシの生き方にはしっかりと柱があるのだ。あいつらとうまくいかなくても、せいぜいワシが三公になるのを邪魔するくらいしかできず、ワシを処刑するような度胸なんぞない」

辛毗はそう見くびってから、本項フレーズを堂々と述べます。やがて尚書僕射（しょうしょぼくしゃ）（副首相級）の後任として辛毗の名が挙がった時、明帝はまず劉放と孫資に下問します。二人は、

「辛毗は誠実な人物ですが、強情で妥協性がありませんので、ご再考下さい」

と進言しましたので、辛毗は後任候補から外され、宮廷の護衛兵士を統括する衛尉（えいい）という名誉だけの閑職に回されました。

自らの原理原則（プリンシプル）を微動だに変えずに、貫き通すことは容易ではありません。組織における妥協は時には必要なのは現実ですが、組織のトップや幹部に昇ろうとする時、自らの信念を曲げない者であるからこそ、大きな仕事ができるものです。トップになるのが目的なのではなく、トップとして自分が何をなせるのかを知ることが、真のリーダーたる者です。

英訳 Will a true man compromise his principles if he is offered a top position?

小さなことに注意を向ける

58

君子の行い、皆、小を積み以て高大に至る。

リーダーたる者の行為は、全て小さなことを積み重ねて、高大さに達するものです。

【魏書・鍾会伝注】

263年に司馬昭から蜀の遠征を命じられた鍾会は、非常に母親思いの孝行息子でした。むしろマザコンの代表ともいうべきレベルで、鍾会は母の死に際して伝記を書いている程です。その為にこの時代の女性としては珍しく、鍾会の母は本名が判明しています。

鍾会の母にして鍾繇の後妻は、張昌蒲という名前で、并州太原郡茲氏県(山西省呂梁市)の出身でした。孟子の母と同じく教育ママで、5歳で父を亡くした息子の鍾会に厳しく勉強を教えます。張昌蒲自身も幼くして父母を亡くしたことから苦労したらしく、自らも勉強に熱心な上、非常に自分に厳しい人でした。常日頃から、

「全ての人間がどうして自然に徳を身に付けることができるでしょうか。ひたすらに努力すること、身分の低い人と接しても自分の言動には責任を持ち、他人との贈答についてはけじめをつけることが大切です」

と言っていたそうです。ある人が「そんなことは小さなことではないですか」と尋ねると、

漢文 君子之行、皆積小以至高大。

張昌蒲は淡々と本項フレーズで答えました。そして続けて、

「もし小さな善を役に立たぬことと考えて行わなければ、それは小人の態度。要領の良さだけで大きな成果を得ようとするのは、私は好きではありません」

そう張昌蒲は自らの生きる指針を述べます。張昌蒲にとっては義理の息子で、鐘会の兄である鐘毓が、未だ幼い魏の第三代皇帝曹芳に代わって最高権力を握った大将軍の曹爽が毎晩大宴会を開いていることについて話すと、張昌蒲は驕りから来る慢心に警鐘を鳴らします。

「楽しいことは楽しいでしょうが、長く続けるのは難しいでしょう。トップはその地位に驕ることなく、身の程を弁えて真面目であるからこそ、災難を招くことがありません」

その予想通り、曹爽は司馬懿のクーデターによって失脚し、処刑されます。

順調に出世する息子を見届けて、張昌蒲は２５７年に亡くなります。厳格な母を失ってから、鐘会はタガが緩んでしまったのか、自らの功績を誇るようになりました。親友からも、「少し慎み深く控え目な態度をとれ」と窘められましたが、ますます増長していきます。

蜀の平定後には、ライバルである副将格の鄧艾に成都攻略という最大の功績を取られたことから、鐘会は降伏した蜀の姜維を取り込んで鄧艾を告発して失脚させます。鐘会は蜀にそのまま居座って、魏から独立して第二の劉備になろうと試みた訳です。

母の口癖であった「**身の程を弁えよ**」を忘れてしまった鐘会は、蜀の新しい主となった祝いの宴席で、腹心たちに裏切られて暗殺されてしまいました。未だ40歳の若さでした。

英訳 An effective leader accumulates small things and achieves large purposes.

▲荀彧の墓碑（安徽省淮南市寿県）

▲賈詡の墓跡（河南省許昌市）

▲鐘繇・鐘会の墓（河南省許昌市）

3

組織を動かす原理原則

人財からプラスの資質を引き出せるか

59 其の長ずる所を貴び、其の短なる所を忘れる。

長所を尊重し、短所を忘れるようにしている。

【呉書・呉主伝】

曹操、劉備と肩を並べる英雄である孫権は、若い頃から「**聡明仁智、雄略の主なり**」と言われる程の大きな器量があり、その人柄は「**性度弘朗**」、即ち明るく思いやりがあり、優れたトップであった父や兄に引けをとらないと評判でした。

孫権は9歳で父の孫堅、19歳で兄の孫策を失います。死の床で孫策は言い残します。

――賢者を取り立て能力ある者を任用する才は、お前の方が私より上だ。

兄に仕えた張昭、周瑜、呂範、程普といった優れた人財を孫権はそのまま重用しました。江東の主となって8年後の208年、ようやく父の仇である黄祖を滅ぼして江夏郡（湖北省武漢市）を占領します。荊州を服属させた勢いで曹操が押し寄せ、孫権に降伏を迫ります。

トップの劉琮以下の重臣たちが、曹操に降伏して高い官職を与えられていたことから、孫権陣営でも曹操へ帰順すべしという声が大半を占めます。20歳そこその孫権は、周瑜と魯粛の支持を受けて、重臣会議の場で自分の前の机を剣で真っ二つに切り壊して、曹操との

漢文 貴其所長、忘其所短。

決戦に反対する者も斬ると覚悟を示し、**「赤壁の戦い」**で曹操の撃退に成功します。

この時に曹操へ密かに内通したであろう多くの重臣たちについて、戦後に一切を追及せず、そのまま孫権は重用し続けました。本項フレーズが決して嘘でなく、若き孫権のトップとしての器量の大きさが窺えます。日本の徳川家康に、次のような名言があります。

――人を用いるには、須らくその長ずる所を取る可し。

20世紀のマネジメントの巨人であるピーター・ドラッカーも、次のように言っています。

――短所ばかりに目を向けるような人物は、マネージャーに昇格させてはいけない。

人の短所に目が行く人は、自分本位で器量が小さい人だと指摘されますが、人間という者はとかく他人の短所に目が行きがちです。人間の長所と短所というものは、50対50ではなく、短所の塊であるのかも知れないと錯覚する程、他人の欠点は容易に見つかります。一方で、長所は簡単に目に付かず、辛抱強く探さないと見付けることがなかなかできません。

マネジメントの観点からすれば、人格や来歴がどうであろうが、悪習や悪癖があろうとも、組織にとってプラスとなる資質を有して貢献できるのであれば、それだけで是として、他のことについてトップは興味を持たないようにすれば良いのです。それを重ねて行けば、自然と長所しか見えなくなるはずです。孫権は若いうちから、それを体得していたのでしょう。

父兄を失って若くしてトップとなり、半世紀にわたって困難な組織マネジメントを見事に成し遂げた孫権のリーダーシップから、二世三世経営者が学ぶべきことは多くあります。

英訳 I prefer to value his strength and overlook his weakness.

諫言を素直に聞き入れる態度

60 当時亦た以て楽と為し、以て悪と為さざるなり。

その時は楽しもうとしただけで、悪事を行っているとは思っていませんでした。

【呉書・張昭伝】

200年、臨終に際して孫策は、内政は張昭に任せよと弟の孫権に命じ、張昭に対して、

――もし孫権にトップたる能力がないならば、君がマネジメントを執って欲しい。

と遺言します。劉備と諸葛亮の間の美談が、20年以上前に同じように孫策と張昭の間にありました。英傑である孫策のもとには、志と野心に溢れる人財が多く集まっていましたので、トップの急逝に組織は動揺しますが、張昭は孫権をトップに立て、見事に組織マネジメントを行います。そして兄の死に悲嘆し、激しく動揺している孫権を次のように励まします。

――先人の後を継ぐ者には、先人の敷いた道を正しく受け継ぎ、それを発展させて立派な業績を成すことが、何よりも求められるものです。

張昭は徐州彭城国(江蘇省徐州市)の生まれで、20歳の時に孝廉に推挙されますが出仕せず、徐州牧の陶謙からも茂才(官僚候補)に推挙されながら拒絶した為、激怒した陶謙に牢獄にぶち込まれます。皮肉なことに陶謙の葬儀の際、弔辞を書いたのは張昭でした。

漢文 当時亦以為楽、不以為悪也。

董卓の乱によって徐州にも危険が迫ると、多くの人々と共に張昭も揚州へ移住し、そこで旗揚げをしたばかりの孫策に出会います。孫策は張昭を師友として長史・撫軍中郎将に任じ、自らの片腕としてマネジメントを委ねます。また孫権が車騎将軍に任ぜられた時には、直ちに張昭を軍師に指名します。孫権は張昭を「張公」と呼び、常に師として敬いました。

兄の跡を継いだ孫権は若いこともあり、大酒飲みで大宴会を毎晩のように開いていました。酔いつぶれた者がいると、水をぶっかけさせてまで鯨飲したそうです。ある晩、

「今日は椅子から転げ落ちて、ブッ倒れるまで飲むぞ」

孫権のその乾杯の発声を聞いた張昭は、黙って宴席から退出します。皆で楽しもうとしているのに何を怒っているのかと孫権は問い質します。すると張昭は、殷の紂王が毎晩にわたって「酒池肉林」の宴会を行って国を滅ぼしたことを孫権に喚起して、本項フレーズを述べます。流石の孫権もハッとして自分の愚行に気が付き、宴会を止めます。

組織のコミュニケーションを円滑にしたり、一体感をつくったりする為に、無礼講で全員一緒に酒を酌み交わすことはつい最近まで大切なことでしたが、パワハラが煩くなった昨今、組織のトップは身内のメンバーを集めて酒盛りすることについては極力控えるべきであり、酒席での言動については注意を払わなくてはならなくなりました。

張昭は生涯にわたって孫権に直言し、孫権もカッとなって剣を抜くこともありましたが、いつも張昭に詫びて身を正しました。張昭の存在は呉にとって、まさに僥倖でした。

英訳 At that time, I did not think that I had performed an evil deed; I just enjoyed my actions.

部下に全幅の信頼を寄せる

61 子瑜の孤に負かざるは、猶お孤の子瑜に負かざるがごとし。

子瑜がワシに背かないのは、ワシが子瑜に背かないのと同じだ。

【呉書・諸葛謹伝】

214年に劉備が蜀を支配下に収めたことから、孫権は劉備に一時的に領有を認めていた荊州の返還を求める為に、諸葛瑾を使者として派遣します。劉備の参謀役である諸葛亮の兄であることから、孫権も話がスムーズに進めやすいと判断したのでしょう。

劉備のもとを訪れた諸葛謹は、使者として公式の場で弟に会ったものの、会議が終わった後でも、公私のけじめをつけて、兄弟として諸葛亮と会おうとはしなかったそうです。

諸葛亮が弟と共に叔父の諸葛玄に従って荊州へ移住した時、7歳年上の諸葛瑾は継母を連れて洛陽で学んでいたことから、弟たちとは別れて揚州へ移って孫権に仕えました。

諸葛瑾と諸葛亮の父は泰山郡（山東省中部）の丞（次官）となった諸葛珪という人です。息子の「瑾」と「珪」は同じ「王偏」の漢字名で、長幼の順に厳しい儒教的な観点からすると、兄弟で同じ「偏」の漢字は使われるものの、親子では不孝とされていました。もしかすると諸葛瑾と諸葛亮は、本当は兄弟ではなく叔父甥の関係であったのかも知れません。

漢文 子瑜之不負孤、猶孤之不負子瑜也。

関羽を攻め滅ぼして荊州を奪取した後に孫権は、怒る劉備に対して諸葛瑾に和睦工作をさせます。以前より呉の重臣たちから諸葛瑾は、諸葛亮を通じて蜀に内通しているのではないかと疑われていたので、陸遜は孫権に不安を訴えます。すると孫権は本項フレーズで、諸葛瑾に対しては絶大な信頼を寄せていることを陸遜に伝え、そのつもりでいるように諭します。子瑜とは、諸葛瑾の字です。諸葛瑾が仮に二心を抱いていたとしても、トップからここまで言われてしまえば、その信頼に応えようとするのが優れた人財ならば当然のことです。諸葛瑾はその後も孫権に忠勤を励み、呉の大将軍にまで出世し、２４１年に68歳で亡くなります。質素な棺に普段着のままで埋葬するように遺言します。

諸葛瑾の墓は、２０１０年代まで常州市郊外にある製薬工場の敷地内にありました。いくら汲み上げても水が枯れない不思議な池の奥に墓室があり、池の脇には小さな亭も設置されて整備されていましたが、現在では池ごと破壊されて放置されたままになっています。

諸葛瑾は顔が長く、いわゆる馬面だったそうです。ある時に孫権がふざけて驢馬の顔に「諸葛子瑜」と書いて万座でからかったことがありました。すると諸葛瑾の6歳の息子である諸葛恪が孫権から筆を借りて、父の名に続けて「之驢」と二文字を書き添えたので、孫権は諸葛恪の機転に感心して、その驢馬を与えたという逸話があります。

後にこの利発な諸葛恪は父と同じく呉の大将軍となり、孫権の息子の代には丞相にまで昇り詰めましたが政敵に破れて誅殺され、呉にいた諸葛一族は皆殺しになりました。

英訳 General Zhou Yu never betrays me as I do him.

▲周瑜の像（江蘇省盧江県）

▲孫権の像（江蘇省南京市）

▲魯粛の墓（江蘇省鎮江市）

▲孫権の墓碑（江蘇省南京市）

▲周瑜の墓（江蘇省盧江県）

▲諸葛謹の墓跡（江蘇省常州市）

62 吾、卿を得て、諧なり。

【呉書・周瑜伝】

貴兄を得ることができ、思いが叶った。

周瑜は揚州廬江郡舒県（安徽省六安市舒県）の出身で、高祖父が後漢の尚書令（行政長官）となって以来、一族には司空や太尉などの三公、太守となる者がいる名門の生まれでした。周瑜の父の周異も洛陽県令や地方長官を歴任し、周瑜も幼少の頃から高い志を持ちます。

孫堅が反董卓に呼応した際、その息子である孫策の評判を聞いた周瑜は寿春（安徽省淮南市寿県）に訪ねます。周瑜と孫策は共に若くて美形な好漢であった上、奇しくも同年齢ということで、直ぐに意気投合して**「断金の交わり」**を誓い合います。二人の力を合わせれば、どんなに固い金属をも断ち切ることができる程の硬い絆を結んだ友になったという訳です。

１９４年、袁術の命で孫策が揚州の劉繇征伐に赴くべく、長江を東に渡ろうと歴陽（安徽省馬鞍山市）に駐屯している最中、周瑜が兵を率いて駆け付けます。その時に孫策が、本項フレーズを述べて周瑜を迎え入れました。遂に待ち望んでいた同志の周瑜と共に、大業を成せると孫策は確信したからです。この時、孫策と周瑜は劉繇を大敗させせます。

大業を成す優れたトップには、自分以上の同志の扶けが必要です。同志との出会いがある

漢文 吾得卿、諧也。

トップだからこそ、人は大業が成せるものなのです。『三国志演義』の英雄たちを見ればまさに一目瞭然ですが、現代においてもこの法則は変わりありません。

孫策を支援する袁術も周瑜に目を付けますが、周瑜は袁術がいずれ失敗するだろうと見切り、孫策の本拠地である呉（蘇州市）へ逃れ、孫策は周瑜を建威中郎将（副将軍格）に任じます。24歳の周瑜のことを人々は「周郎」、つまり周の若大将と呼んで敬いました。

200年に孫策が死去すると、周瑜は重鎮の張昭と共に組織運営を執り行います。孫策と孫権の母である呉夫人は孫権に対して周瑜に兄事しなさいと命じる一方、周瑜は孫権を若造と侮る重臣たちを横目に、自ら辞を低くして率先して孫権をトップとして崇めます。周瑜が恭しく仕える姿を見て、やがて誰もが孫権に対して礼節を弁えるようになりました。

また将軍の程普は周瑜より年長であったことから、しばしば周瑜を侮辱しますが、周瑜は程普に逆らわず、いつも下手に出続けたことから、流石の程普も周瑜を認めるようになります。周瑜の謙譲が、程普を心服させたと評判となりました。

現代の日本において実力主義が叫ばれてはいますが、基本的には年功序列の社会です。ただ年齢が上というだけで威張り腐る器の小さな人間、年下のくせに能力が上なのは生意気だと妬むコンプレックス人間が大勢います。こういう人に対しては、とにかく頭を下げておくしか方法がない一方、後輩に対して謙譲の心も忘れてならないのが、リーダーたる者ではないでしょうか。

英訳 My wishes come true, and I could attain you.

トップとメンバーによる鉄壁の信頼関係

63

但だ、君が臣を択ぶのみに非ず、臣も亦た君を択ぶ。

トップがメンバーを選ぶだけでなく、メンバーもトップを選びます。

【呉書・魯粛伝】

徐州下邳国東城県（安徽省定遠県）の出身の魯粛は、父を早くに亡くしましたが、裕福な実家で成長します。財産を惜しまずに地元の貧しい人を扶け、名士たちとも親しく付き合って、その名が知られます。その噂を耳にした周瑜は魯粛を訪ね、親友の交わりを結びます。

魯粛は袁術から東城県長に任じられますが、魯粛は袁術では大業を成せないと判断します。すると交友のある劉曄から揚州での旗揚げへの誘いを受けます。それに応じようとする魯粛に対し、後漢の光武帝劉秀が将軍の馬援に述べた本項フレーズで、周瑜が魯粛を引き留めます。乱世の時代こそ、優れた人財を信頼して活用できるトップを選ぶことこそが、重要であるという訳です。若くて度量のある孫権を周瑜は次のように評します。

——**親賢貴士、納奇録異**。（**賢に親しみ士を貴び、奇を納れ異と録す**）。

「**賢人や志士を大切にし、異能の人財を受け入れる**」度量があるので、一緒に仕えないかと誘います。周瑜に推挙されて孫権が初めて引見した際、魯粛は江東で王となることを孫権に

漢文 非但君択臣、臣亦択君。

遠慮せずに勧めています。また強大な曹操に対抗して独立を確保する為に、劉備との同盟を結ぶことを提案します。荊州を平定した曹操が、圧倒的な軍事力で孫権に帰順を求めた際、

――**早定大計、莫用衆人之議也**。（**早く大計を定め、衆人の議を用うること莫れ**）。

「**早くご決断下さい。衆議に惑わされてはいけません**」と孫権に決断を促し、重臣たちの議論に終止符を打たせて、組織のベクトルを一本化させます。「**赤壁の戦い**」での大勝は一重に魯粛の「**先見の明**」とその行動力、そして周瑜との見事な連携プレーのお陰です。

魯粛と周瑜は孫権をトップとする組織を守り、成長させるという点で一心同体で命を懸けて臨みます。孫権も二人をよく信頼し尽くして、最大限の活躍をさせた点において優れたトップでありました。見事な信頼関係が上下間に構築される時、組織は大きな力を発揮します。

２０８年の「**赤壁の戦い**」に敗北して疲弊する曹操につけ込むべく、周瑜は漢中の馬超と同盟して自らが襄陽から出撃する曹操北伐という遠大な計画を立てます。孫権の裁可を受けたその準備の最中、周瑜が巴丘（湖南省岳陽市）で病に倒れます。孫権に宛てた書簡で、

――**人生有死、修短命矣**。（**人生、死有り、修短は命なり**）。

「**人はいつか死ぬもので、長短は天命**」と達観した言葉に続けて、志半ばでトップの孫権の命令を果たせなかったことが心残りであると述べています。２１０年に36歳で周瑜は亡くなりました。この命懸けのバトンは、魯粛に手渡されます。周瑜がこの時に病に倒れなければ、『**三国志演義**』のストーリーも大きく違ったはずです。

英訳 It is not only leaders who select their followers but followers who select their leaders.

64 財を軽んじ義を尚ぶ。

個人的な欲望に執着しないで、世の中の全体の為になることを考える。

【呉書・呂蒙伝注】

呂蒙は豫州汝南郡富陂県（安徽省阜陽市阜南県）の生まれで、父を早くに亡くして江東へ母と姉と共に移住し、15、6の頃から従軍するようになります。ある時、侮辱を受けた役人を斬り殺し、その噂を聞いた孫策が、呂蒙に非凡さを見出して側近に取り立てます。

孫権の代になってから、周瑜や程普と共に戦場で武功を重ねて、下士官から将軍にまで出世します。ある時、孫権が呂蒙と同じく将軍の蔣欽に対して問い掛けます。

「二人とも要職にあり、よく仕事をしているが、学問をして知識を深めることも大事だ」

武辺だけでは大局的な組織マネジメントはできないという指摘に対して、

「軍中にあっては職務が忙しく、書物を読むような時間などありません」と呂蒙は答えます。

「何も学者になれと言っているのではない。自分も若い頃に書物に親しんだことが後に大いに有益となったと感じることがある。聡明な両将軍が学問をすれば得ることが多いと思う」

そう諭す孫権は『孫子』『六韜』『左伝』『国語』『史記』『漢書』『東観漢記』をまず読むように薦め、陣中でも後漢の光武帝劉秀、そしてあの曹操も書物を離さなかった例を引き合いに出し

漢文 軽財尚義。

て説得します。その言葉に素直に従った呂蒙は、学問に励むようになります。呂蒙の読書量は半端でなく、普通の儒学者でも太刀打ちできない程の書物を読破しました。

周瑜の後釜として関羽に対峙する任についた魯粛は、呂蒙の駐屯する陸口（湖北省咸寧市）に挨拶に立ち寄ります。呂蒙は強い武人であっても教養ある文人ではないと内心では見下していた魯粛は、呂蒙と言葉を交わすと直ぐに、昔の呂蒙とは知識の各段の違いに仰天して、

――非復呉下阿蒙。（復た呉下の阿蒙に非ず）。

「呉の都（蘇州）にいた頃の蒙君とは別人のようだ」と称賛して態度を改めます。

――士別三日、即更括目相待。（士別れて三日なれば、括目して相待すべし）。

「リーダーたる者は三日も会わなければ、どんなに成長しているか新しい目で見るものです」

関羽も自分と同じく大人になってから、学問を志して『左伝』を暗誦できる程の知識を蓄えているので、武辺者と見くびらないようにと魯粛に伝えて、呂蒙は対策案を授けます。

後に孫権は、高い地位に昇ってからも驕らずに学問に励み、積極的に自己改革に努めた呂蒙と蒋欽を超える者はいないであろうと大いに褒めてから本項フレーズを述べ、権力者となっても財産を築くことに汲々とせず、世の中の為に自己研鑽を行うという高い志を持つこの二人が、自分の組織を代表する人財であることは素晴らしいと讃えました。

219年、呂蒙は関羽を討って荊州を奪回する大功を立てますが、42歳で惜しくも病死してしまいました。

英訳 Think about what is beneficial for the whole world without basing one's desires.

トップとして清廉さを追求する

65 広く方略を施し、以て其の変を観ん。

広く手はずを整えて、情勢の変化を待つ。

【呉書・陸遜伝注】

組織のトップたる者の任務は、組織が確実に勝利を得るように戦略を定めることです。切羽詰まって破れかぶれに動いても失敗するのは当然で、勝利を確実に導けるリーダーは、常に用意周到、準備万端で手抜かりがないからこそ、いざ戦いとなると勝ちを収めるのです。

どんなに強い組織であっても、逆風にさらされてはその力を最大限に発揮することはできませんが、環境や条件が十分に有利な時には、大きな力を使わなくとも容易に目的を達成することができます。ですので、自分が勝てる環境や条件が揃うまで、虎視眈々と絶妙なチャンスを窺えるまで、組織の末端まで統率することができるかにかかっています。

揚州呉郡呉県（江蘇省蘇州市）の有力者の一族に生まれた陸遜は、203年に21歳の時に孫権の秘書役を振り出しに仕え、気に入られて孫権の兄の孫策の娘を娶るまでになります。

219年に関羽と対峙していた呂蒙が病気になった時、陸遜が抜擢されて偏将軍（准将）となって派遣されます。陸遜は関羽に丁重な手紙を送って誼を通じ、無名の陸遜を侮った関羽は油断し、最終的には大敗して捕らえられ、陸遜によって斬首されてしまいます。

漢文 広施方略、以観其変。

222年、関羽の仇討ちと荊州奪回を目指した劉備が、自ら先鋒となって蜀軍を率いて長江を下って呉に侵攻します。孫権は陸遜を大都督（遠征軍最高司令官）に任じ、5万の大軍を指揮させます。迫りくる蜀の大軍に直ちに迎撃しようとする諸将に対して、陸遜は本項フレーズでその動揺を抑えます。勢いに任せて攻め寄せて来る時には慌ててぶつからず、まずは様子を見ながら奥深くまで誘い込むという陸遜の策を聞いて、古参の将軍たちは若い陸遜が臆病風に吹かれたのかと小馬鹿にしました。すると陸遜は剣に手を掛けて、

――**僕雖書生、受命主上。**（**僕書生と雖も、命を主上に受く**）。

「**自分は若造かも知れないが、トップの命を受けて指揮を執っているので、軍令違反する者には容赦しない**」と言明し、年配の歴戦の勇将たちを黙らせます。そして陸遜の立案した策戦に従って呉軍は蜀軍を撃退し、陸遜は結果的に劉備を白帝城で敗死させました。

陸遜は後に呉の丞相にまで出世し、その人柄は驕ることなく忠義に厚く、清廉でした。

孫権の後継者問題でゴタゴタの中、245年に陸遜は失意のうちに63歳で亡くなりますが、諸葛亮と同じく最高の権力を持ちながらも、家には余計な個人的財産など一つもなかったそうです。やはり清廉さこそ、リーダーたる者の最も重要な条件ではないでしょうか。

陸遜が当時から優れたリーダーとして尊敬されている証拠は、『**三国志**』において国主を除いて一巻単独で伝を立てられているのが、諸葛亮とこの陸遜だけだからです。

英訳 Let us prepare and develop a certain strategy for observing the changes in the situation.

組織の綻びを見逃すな

66 一事、牢かざり、即ち倶に其の敗を受く。【呉書・呂範伝注】

もし一か所でも穴があけば、すぐに皆共々沈没の憂き目を見ます。

豫州汝南郡細陽県（安徽省阜陽市太和県）の生まれの呂範は、若くして役人となります。地元の有力者に美しい娘がおり、呂範が妻に望んだところその母親が猛反対します。しかし父親は呂範の風貌を見ると、貧しい小役人で終わる男ではないと見抜いて許したそうです。

袁術の庇護のもとにあった孫策に出逢った呂範は、100人の子分と共に配下に加わります。孫策の母を迎える使者として揚州へ赴く途中、徐州牧の陶謙に捕まって拷問されて牢屋にぶち込まれたり、孫策が山野に逃れて辛酸を舐めた時も行動を共にしたりしたので、孫策からは身内の扱いを受けるようになり、その片腕として呂範も活躍するようになります。

孫策が呂範と碁を打っている時、軍の規律が緩んでいるという噂を耳にした呂範が、

「しばらくの間、都督（軍の監督官）として、組織の引き締めをさせて下さい」

幕僚として既に執行役員の地位にあった呂範が、中間管理職に降格を申し出たのです。

「今さら組織の末端の細々したことなど、自ら処理することはないだろう」

孫策は呂範がわざわざ手掛けるべき仕事ではないと退けようとすると、呂範は、

漢文 一事不牢、即倶受其敗。

「世の中の為に役立とうと志して集まった者たちは、一つの大船に乗って大海を渡ろうとしているようなものです」

と前置きしてから、本項フレーズを述べます。言い終わるや否や、馬に乗って城門を出ようとするので、孫策も仕方なく都督の任命書を与えます。組織において規律(ルール)が蔑ろにされるようであっては、些細なことであっても一大事となるので、早目に手を打たなくてはいけないという訳です。組織の引き締めを任された呂範は、組織のメンバーに規律(ルール)を徹底して守らせ、緊張感のある組織に鍛え直しました。

組織の綻びは、小さければ小さいうちに、早ければ早いうちに対処するのが原則です。

孫策が呂範に会計を任せていた時、若い孫権がしばしば金の無心に来たそうです。呂範は孫策の許可なしに決して金を渡さなかったことから、孫権に嫌われました。孫権が県長を務めていた時に公金を流用していたので、監査を免れる為に周谷(しゅうこく)という者が帳簿を書き変えて孫策に提出したので、孫権が喜んで感謝したことがあります。後に孫権がトップとなると、呂範は組織に忠実であるとして重用し、孫権は周谷を任用しませんでした。

呂範のプライベートは些(いささ)か贅沢で、邸宅も立派で衣服も派手だったそうですが、仕事熱心で規律(ルール)を厳守することから、孫権は讒言を受けても呂範を咎(とが)めることは一度もなかったそうです。仕事ができれば趣味嗜好は問わないと、孫権は徹底していたトップでした。

英訳 If there is a hole in one spot on the boat, we will drown along with everybody else.

コラム　三国志余聞⑩

『三国志』注の著者・裴松之

裴松之（三七二〜四五一年）は東晋の時代に生まれている。東晋は、晋が北方の異民族に攻撃され、晋の宗室のひとりである司馬睿が建業（現在の南京）に建てた王朝である。

裴松之は河東郡聞喜の人で、八歳にして『論語』『詩経』に精通し、神童の誉れが高かった。20歳になり、殿中将軍となった。孝武帝の左右に侍り、諮問に答え、また宿直する重要な役職である。その後、順調に出世した。やがて、五斗米道を信奉する孫恩が農民を率いて反乱を起こした。反乱は武人の劉裕によって平定されたが、権力は劉裕が握るところとなり、裴松之はこの劉裕に仕えた。

やがて劉裕が王朝を建てた。これが宋王朝だが、のちの宋王朝と区別する為、劉宋と呼ばれている。即位した劉裕は、命令を下した。

「裴松之は大臣にふさわしい人物だ。太子付き補佐官に任命する」

やがて劉裕が亡くなり、長子の劉義符が後を継ぐが、彼は遊びほうけて政治を顧みることがなく、臣下に殺されてしまった。ついで即位したのが、文帝劉義隆だった。

文帝は、治績をあげて皇帝秘書に進んだ裴松之に命じた。

「陳寿の『三国志』に注をつけよ」

裴松之は、四散していた書物を集め、多くの異説を取り上げて注をほどこした。そして完成した『三国志』は、文帝から褒め称えられた。

「おまえの名は永く後生に伝えられるだろう」

裴松之はその後、官立大学博士官となり、審議官となった。そして、何承天の未完の『国史』を続けるよう命令を受けたが、完成を待たずに亡くなった。79歳だった。

4 人を信じて育てる

リーダーの風格とは何か

67 語言少なく、善く人に下り、喜怒は色に形わさず。

口数は少なく、腰が低く、感情を顔に出さない。

【蜀書・先主伝】

劉備の姿形については、『蜀書』の中でしっかりと記述されていますので、絵心がある人ならば劉備の肖像を簡単に描くことができそうです。背丈は7尺5寸（173cm程）で、腕が膝に届くまで長く、耳が非常に大きくて自分の目で見ることができたそうです。

当時では高貴な人の証である髭が少なく、本人もそのことをコンプレックスに思っていたらしく、髭が自慢の張裕という人に髭が少ないことをからかわれ、時間が経った別の機会にイチャモンをつけて、諸葛亮が止めるにもかかわらず張裕を処刑しています。仁徳に溢れるはずの劉備ですが、意外にも偏狭でナルシストの側面があったようです。

劉備の出身地である涿郡涿県楼桑里は、現代では北京市南方の郊外のベッドタウンともいうべき涿州市内で、漢の時代では極北の辺境の街でした。劉備が先祖と自称した中山靖王劉勝の中山国は、現在の河北省保定市で、涿州市に南接しています。劉勝の息子の劉貞が、涿県を領地とする陸城亭侯に封じられたことから、子孫が涿州に土着したそうです。

漢文 少語言、善下人、喜怒不形於色。

劉備の父は県の役人を務めながらも早世したことから、劉備は母と筵売りをして生計を立てていた逸話は有名です。但し、著名な盧植の下で学ぶ費用を出してくれた叔父が裕福だったとありますので、どこまで貧乏だったかは微妙です。この劉備の叔父や母が、劉備の出世姿をどのくらいまで見ることができたのか、史書には全く記されていません。

劉備の気質について『**蜀書**』に記されているのが、本項フレーズです。現代の中国のみならず東アジアにおいて、理想とされるリーダーの三条件です。おまけに劉備は、

――弘毅寛厚、知人待士。（弘毅にして寛厚、人を知りて士に待する）。

「度量が広くて懐が深く、優れた人物には遜った」とあり、また、

――蓋有高祖之風、英雄之器焉。（蓋し高祖の風、英雄の器あり）。

「まさしく高祖の風格をもち、英雄の器であった」と漢の建国者である高祖劉邦に似ていると、書き留められています。劉邦は立派な髭を蓄えていて、顔が長くて龍顔（天子たる者の容貌）であったと言われていますので、劉備は髭の無い龍顔をしていたのでしょうか。

風貌はともかくとして、劉備は高祖劉邦を意識した行動をしています。模範や目標とする人に自分を重ね合わせるという方法は、リーダーたる者にとっては自らの成長の為に大切なアプローチでもあります。劉備は劉邦の生まれた沛県を本拠地にした時もあり、曹操に粘り勝ちして漢中を必死になって獲得もしています。漢中は「漢」の由来の地で、秦の滅亡後に劉邦が漢中王になり、後に皇帝に即位した際に国号となった所縁の地であったからです。

英訳 He is a polite man of few words and who does not show their feelings on their faces.

コラム 三国志余聞⑪

劉備のご先祖様「中山靖王劉勝」

前漢の第6代皇帝である景帝の息子である劉勝は、紀元前154年に中山王に封じられた。劉備が中山靖王劉勝の末裔を名乗って、皇帝位の継承権があることを主張していることは、誰もが知っている。中山国は現在の河北省中部にあり、春秋戦国時代からある古い国名で、前漢の建国者である高祖劉邦が中山郡としてその名称を復活させた。劉勝はその劉邦の曾孫にあたる。劉勝が王となった中山国は冀州に属して、14の県を管轄したという。

紀元8年に王莽が前漢を廃して「新」を建国すると、中山国は常山郡と改められた。『三国志演義』で趙雲が、「常山の趙子龍」と出身地と共に名乗る時の「常山」である。つまり、劉備と趙雲は、現在の秋田県人と山形県人が、共に出羽国の住人と感じる以上の親近感があったはずだ。紀元25年に後漢が光武帝劉秀によって建国されると、その族父の劉茂が改めて中山王に封じられて中山国が置かれた。

さて、前漢の中山王劉勝は、酒好きで且つ女好きの典型的なボンボンで、息子だけでも50人以上、その孫となると200人近くおり、300年後に生まれた17世の子孫となる劉備の時代には、旧中山国領域の涿郡、常山郡には1万人以上の劉勝の男系遺伝子を受け継いだ者がいたと推定される。

1968年、中華人民共和国では対米戦を想定して、山岳地帯に基地や武器庫を構築する作業が行われている中、河北省保定市満城県の山間部をダイナマイトで爆破した際に、明らかに未盗掘の古代の王陵墓が発見された。それは中山王劉勝と王妃の竇綰の墓であった。両人の遺体はそれぞれ金縷、銀縷に包まれ、多くの遺品が発掘されたが、2000年以上の歳月を経ていただけあり、遺体は灰となっていて土に帰していたものの、劉勝の金縷玉衣は188cmもあった。陵墓の埋葬品に酒器が多く発見されたことから、死後も宴会が毎晩開けるように劉勝は葬られたようであった。司馬遷の『史記』の記述の信憑性が、一層高まる発見でもあった。

紀元前113年に亡くなった中山王劉勝は、「靖」という諡を与えられ、中山靖王と呼ばれる所以（ゆえん）となった。『逸周書』諡法解には、183の文字が諡として収録されており、上中下に分類される中で上にあたる美諡（びし）とされる中に「靖」があり、安らか、穏やかといった意味があり、美酒と美女を愛でた憎めない人柄を彷彿させている。

▲中山靖王の金縷玉衣

▲中山靖王の墓（河北省保定市満城区）

力を発揮しやすい環境をつくる

68 皆、之を顕任に処し、其の器能を尽くさしむ。

皆が高いポストが与えられ、その力を十分に発揮することができた。

【蜀書・先主伝】

劉備は「黄巾の乱」に対しての義勇軍を結成して転戦し、義兄弟の契りを結んでいた公孫瓚のもとに身を寄せ、県令や警備隊長などの官職に与りました。その公孫瓚から徐州の陶謙のもとに援軍として派遣され、劉備は名目だけでしたが陶謙から豫州刺史に任ぜられます。

194年、劉備が呂布によって徐州から追い出された後、曹操のもとへ身を寄せた際、劉備の人物を買った曹操に推挙され、後漢から正式に豫州牧・宜城侯の官職と官爵を授かり、更に198年には曹操の上奏によって、献帝から左将軍に任ぜられました。

劉備が左将軍となった時、徐州以来の側近である麋兄弟も曹操に気に入られ、兄の麋竺が嬴郡太守、弟の麋芳が彭城国相に推挙されています。また、200年に曹操の旗下に入った関羽も、曹操からの上奏で寿亭侯・偏将軍となったことは知られています。

劉備には関羽以外に涿州時代からの張飛、陳到、簡雍、途中で加わった趙雲、そして麋兄弟と同じく徐州以来の側近の孫乾、荊州から諸葛亮、董和、黄忠、魏延らが付き従っていま

漢文 皆処之顕任、尽其器能。

したが、その官職は全て私称であって、後漢の皇帝から任ぜられた正式称号ではありませんでした。後に加わった馬超が、辛うじて漢の偏将軍、後に劉備の奏請で平西将軍となります。日本の戦国や江戸時代においても、河内守、上総介、左衛門尉などを私称している武士が多くいましたが、同時に朝廷から正式に官職として発給を受けていた者がいたのと同じです。

２１４年に益州を平定してからの劉備の組織には、最後まで益州牧の劉璋に従った者、劉璋の覚えめでたくなかった者、徹底して反劉備だった者などの益州グループも加わって、日本の徳川政権で言えば、親藩、譜代、外様の混合体、つまり、具沢山の鍋のような状態になっていました。

２１９年、劉備が漢中王を自称し、２２１年に皇帝に即位すると、遂に後漢を承継した蜀漢として正式な官位を発給することができるようになります。功績のあった者には高い地位が与えられ、許靖のように名声だけの著名人、劉備のことを昔から嫌っていた劉巴にも高い官職が用意され、志ある者は自ら競って劉備の新体制に協力し、本項フレーズにある通り、優れた人財が一致団結してその力を存分に発揮する体制をつくり上げることに成功します。

劉備の長年の苦労の成果でもあったのでしょうが、短期間で益州が余所者である劉備の新体制に移行することができたのは、組織のトップとして新旧を綯い交ぜて、優れた人財が能力を発揮することができる場、即ち**「適材適所」**を劉備が実行した点にあります。『**三国志**』を読み解くと、**「適材適所」**に失敗して滅び去った者たちの逸話が満載されています。

英訳 Everyone was given a proper position for developing and demonstrating their true abilities.

人財あっての組織と心得よ

69 夫れ大事を済すには、必ず人を以て本と為す。【蜀書・先主伝】

大業を成すには、何よりもヒトが第一。

優れた人財の知恵を借りることの大切さを知っていたという点で、劉備は曹操と同じ知見を有していました。国家のマネジメントをするにあたって、組織を支えるメンバーがいてこそ、初めて組織的な活動ができることを二人共よく理解していました。

曹操は将兵の訓練を常日頃から怠りませんでしたが、更に196年に屯田制（兵士や流民に田地を与えて耕作させる制度。徐州牧の陶謙が陳登に命じたのが始まりで、後に曹操が大規模に導入）を積極的に進めて兵、つまり人財を育成する基盤づくりにも注力しています。

208年、荊州に侵攻した曹操は州牧（長官）である劉琮の降伏によって荊州を併合しますが、曹操の傘下に入ることを拒む劉琮の側近を含む荊州の名士、商人、農民は劉備に従って荊州南部へ逃れます。劉備に追随した十余万人の逃避行はそのスピードが遅く、直ぐに曹操の派遣した騎兵に追いつかれてしまいます。足手まといを切り捨てて逃げましょうという進言に対して、本項フレーズで自らの信条を述べてから、劉備は次のように言明します。

——自分を慕ってくれている人々を見捨てることなどできない。

漢文 夫済大事必以人為本。

多数の死者を出しながらも劉備は自分だけ逃げず、二人の娘も曹操軍に捕らえられてしまいますが、この時に民を見捨てなかったことが、劉備の名声を高める一因となります。

本当に見捨てられなかったのか、大勢の民を人間の盾として自らを守る手段としたのか、その真意は分かりませんが、劉備は**「長坂の戦い」**を経て、劉表の長男である劉琦が籠る夏口（湖北省武漢市）へ何とか辿り着きます。この後に**「赤壁の戦い」**で呉軍と共に曹操を撃退して、劉備は荊州南部を確保し、遂に自前の領地の獲得に成功しました。

劉備は人財こそが、自らの組織の成り立ちの為に、最重要事項であることを肌感覚、つまり経験として体得していました。腕っぷしの強い関羽と張飛、そして義弟に準じる趙雲などの武人には恵まれましたが、戦略を立案する名士、即ち知識人階級の文人をなかなか長く仕えさせることができませんでした。武人と違って文人は、安定性に欠けるトップの下では、その才能を活かせる可能性が少ないからです。しかしながら、劉備に従って荊州南部へ移った諸葛亮は、ただの文人ではなく、若いながらに肝が据わっていたことが窺えます。

——信義が天下に聞こえわたり、英雄たちを掌握されて、喉の渇いた者が水を欲しがるように賢者を渇望しておられます。

諸葛亮が劉備と初めて会った時の言葉が**『蜀書』**の**「諸葛亮伝」**に記載されていますが、**「三顧の礼」**がなくとも既に諸葛亮が劉備を意気に感じていたことが推し量れます。

英訳 An effective leader who wishes to accomplish great achievement must value people as the foundation of his organisation.

70 年已に六十有余、何ぞ復た恨む所あらん。復た自ら傷まず。

既に60歳を超えた今、死んでも恨むことも何もなく、悔やむこともない。

【蜀書・先主伝】

人生100年時代の現代日本において、昔は還暦と言われて老人の仲間に入る60歳も、未だ青年のような若々しい気持ちで、見た目も年相応に見えない若々しい男女が増えています。劉備の時代の60歳とは、現代では80歳位に相当するでしょうか。

――人五十不称夭。(人、五十は夭とは称せず)。

「人生、五十まで生きれば短命だとは言えない」という言葉に続けて本項フレーズが、息子の劉禅に与えた遺詔に記されています。劉備の人生をザッと見れば、161年に当時の北方の辺境で生まれ、15歳頃に叔父の援助で著名な儒学者の盧植に学びます。あまり真面目なタイプではなく、闘犬や音楽を好む粋な若者で、既にリーダー的存在だったそうです。

184年に20歳そこそこで「**黄巾の乱**」の平定の為に義勇軍を起こして認められ、県の警備隊長の職位を得てから副知事などを経て、193年に徐州の陶謙のもとに身を寄せ、翌年には徐州牧である陶謙の推挙で豫州刺史となります。

漢文 年已六十有余、何所復恨、不復自傷。

陶謙は病で亡くなる前に徐州を劉備に託しますが、この時に劉備は32歳です。翌年に呂布に徐州を乗っ取られて追い出され、曹操の庇護下に身を投じます。劉備を気に入った曹操は、後漢の献帝に奏上して豫州牧（よしゅうのぼく）に正式に任官させ、198年に曹操と共に呂布を滅ぼした時、劉備は37歳でした。更に曹操は劉備を厚遇して左将軍に推挙しますが、劉備は曹操を裏切って出奔し、曹操の最大のライバルである袁紹のもとに身を寄せます。39歳の時です。

200年に**「官渡の戦い」**で袁紹が曹操に敗北した後、劉備は荊州の劉表のもとに逃れ、新野（しんや）城を与えられます。現代で言えば、子会社の社長のポストです。ここで7年間も過ごします。人生が終わっても不思議ではありませんでしたが、劉備という人はラッキーな星の下に生まれた人なのでしょう。子会社の社長でブラブラしている時に、諸葛亮と出逢います。

これまでの自分の人生を振り返って青年の時に抱いた志（こころざし）を新たにし、208年の**「赤壁の戦い」**を経て210年に荊州を掌握し、212年には益州へ侵攻して翌々年に益州全土を征服した時には53歳、219年には業界トップの魏軍を率いる夏侯淵を撃退して漢中王、221年に60歳にして遂に皇帝となります。業界3位ながらも裸一貫で東証一部上場企業のオーナー社長となったような劉備は、まさに大器晩成の苦労人リーダーの鑑（かがみ）です。

「夷陵（いりょう）の戦い」で業界2位ともいうべき呉の陸遜に敗れ、223年に白帝城（はくていじょう）で62歳の生涯を閉じますが、何度もドン底で辛酸を舐める経験を繰り返しながら、皇帝にまで昇り詰めた劉備には悔やむことのない一生であったはずです。チャレンジ精神に満ち溢れた生涯でした。

英訳 No more than 60 years old and close to death. I bear no grudges, and I regret nothing.

大志を抱いてチャンスを待つ

71 中国には士大夫が饒かなり、遨遊するに何ぞ必ずしも故郷のみならや。【蜀書・諸葛亮伝注】

中央には優れた人物が多い、活躍する場は何も故郷の地だけに限る訳ではない。

197年、17歳の時に父代わりの叔父を失った諸葛亮は、襄陽郊外の隆中（湖北省襄陽市襄城区）に引き籠り、自分で田を耕す自給自足の勝手気ままな生活に入ります。

身長が8尺（約184cm）もある美形であったので、田舎でもかなり目立ち、梁父吟（楚のメロディーを基調とした挽歌）を好んで歌って、自らを斉の管仲と燕の楽毅のような大きな仕事をしたいと豪語していた変わり者でした。誰もが身の丈を弁えない大言壮語と笑っていたそうですが、友人の崔州平と徐庶だけは「諸葛亮ならば」と認めていたそうです。

諸葛亮は山東省（戦国時代の斉があった）の出身ですので、郷土の大先輩である斉の名丞相である管仲を崇拝し、莒と即墨の二つの城市を残して斉の全土を占領した隣国の燕の将軍である楽毅を尊敬していたことも頷けます。

管仲は法家の始祖の一人で、名宰相として三国時代でも名前が鳴り響いていました。戦略に巧みな楽毅と共に「**信賞必罰**」の人でしたので、諸葛亮の好みを窺うことができます。

漢文 中国饒士大夫、遨遊何必故郷邪。

荊州牧(けいしゅうのぼく)の劉表と以前から交流のあった叔父の諸葛玄に従って、戦乱を避けて荊州へ移住しますが、叔父が健在の間は天下から集まった優れた文人の溢れる荊州城内に住んで、地元の名士(エリート)の師弟と共に諸葛亮も学問に励んだようです。

諸葛亮は重箱の隅を突くような細かなことには興味がなく、大雑把に大意が掴めれば良いと考えていたらしく、仲間が勉強をしているのを横目に、膝を抱えて口笛ばかり吹いていたそうです。友の熱心な勉強ぶりを半ば感心しながら、半ば揶揄(やゆ)しながら、「君たちだったら、郡の太守や刺史くらいにはなれるなぁ」とぼやくことがあったそうです。そこで「お前はどうなんだ」と反論されると、笑ってはぐらかしたそうです。クールな容姿の心のうちに、秘めた情熱と野心の炎を諸葛亮は備えていたのでしょう。

三人の仲間のうちの孟建(もうけん)が故郷の汝南(じょなん)（河南省駐馬店(ちゅうまてん)市汝南県）にしきりに帰りたがるのを聞いて、諸葛亮は本項フレーズを述べます。当時、汝南は曹操の占領下にありました。

諸葛亮の志(こころざし)は早くから定まっていて、尊敬する管仲が仕えた斉の桓公(かんこう)のような人物に仕官して、中原(ちゅうげん)（中国大陸の中央部に位置する大平野地帯）に鹿を追うチャンスを鼻歌交じりに焦らずにジッとその時が来るのを待っていたのでしょう。

劉表に近い親戚筋であったにもかかわらず、荊州で仕官する意思はなく、曹操のもとで才能を開花させるつもりもなかった諸葛亮は、常に現在ではなく、未来を見つめて生きていたのでしょう。因みに、孟建は曹操に仕えて、魏でそこそこ出世して名を残しています。

英訳 There are many superior people in the country. It is best not to play against them on their home ground.

弱者の兵法で戦うということ

72

弱を以て強と為る者、惟だ天の時のみに非ず、抑も亦た人の謀なり。

弱い者が強い者に勝つのは、時代を味方にするだけでなく、そもそも謀によります。

【蜀書・諸葛亮伝】

諸葛亮が待ち望んだ仕えるべきトップは、曹操のような強いリーダーでなく、自らの意見を採用して動いてくれる人物でした。それが劉備です。意志堅固な人物で、常に弱小勢力のリーダーであったことは、後世の人たちはよく知っています。

２０１年、一旦は曹操に帰順したものの、袂を分かって脱走した劉備は、曹操に追われて荊州を治める劉表を頼ります。劉表は配下の反対の声を退けて、劉備を温かく迎え入れて新野（河南省新野県）を任せました。そこへ徐庶という若い書生が出入りするようになり、互いに意気投合します。人財を求める劉備の嘆きを聞いた徐庶は、友人の諸葛亮を推挙します。**「臥龍の諸葛孔明、鳳雛の龐士元」**の噂を地元の名士である司馬徽から既に聞いていた劉備は飛び付き、友人ならば是非とも連れて来て欲しいと徐庶に要請します。すると徐庶は、「諸葛亮はプライドの高い男なので、居丈高に呼びつけても来ないでしょうから、自らの足を運んで会いに行かなければダメですよ」と答えます。

漢文 以弱為強者、非惟天時、抑亦人謀也。

諸葛亮の隠棲する襄陽郊外の茅屋を劉備が訪ねること三度目にして、諸葛亮に面談が叶った「**三顧の礼**」は故事としても有名ですが、周到に準備された演出であったような気もしない訳でもありません。劉備は47歳、諸葛亮は27歳の２０７年の出来事とされています。

諸葛亮と初対面の劉備は、後漢が滅亡に瀕し、悪人が跋扈する世になり、戦に敗れて都落ちをした自分は、大義の為に力を尽くして世の中を正したいが知恵がない、でも志は未だ衰えていないと熱く訴えます。すると諸葛亮は、自説を開陳します。

董卓が少帝を廃して献帝を立てて政治を壟断して以来、多くの諸侯諸将が蜂起して各地に割拠しており、河北四州を治める袁紹が最も強大でしたが、袁紹より名声や勢力が小さくとも曹操は精兵を養うことを怠らない上、後漢の献帝を奉って正当な後援者となったので、曹操が勝ったと説いてから、諸葛亮は本項フレーズを述べます。力が足りなければ、知恵を使って補えば良いという訳です。これは現代でも全く変わらない真理です。

そして続けて、既に孫権が父と兄から受け継いだ江東の地と兵があり、確固たる勢力となっている中、これと争わずに協力関係を構築した上で、曹操につくのか、つかないのか旗色を明確にしていない荊州、益州の二州を分捕って、更に西と南の辺境の異民族も加えて第三勢力をつくり上げれば、いつでも長安を奪回して、漢を復興するチャンスを窺い待つことができるという方策、「**天下三分の計**」を諸葛亮は劉備に披露します。

劉備は雷に打たれる程の衝撃で、まさに目を覆う鱗がとれる思いであったはずです。

英訳 It depends not merely on heaven when a weak person can defeat a strong one; victory depends primarily on the plan.

73 成敗の機、今日に於いて在り。

【蜀書・諸葛亮伝】

成功失敗のきっかけは、今日にある。

2０８年6月に曹操は漢の献帝から丞相（日本の太政大臣に相当）に任ぜられると、翌月には15万の大軍を率いて荊州の劉表征伐に赴きます。劉表は曹操と袁紹の争いに対して、長い間にわたって日和見の立場をとっていたことから、荊州には戦乱を避けて多くの人財が集まり、口では危機を唱えながらも繁栄を享受し過ぎて平和ボケしていました。

曹操に帰順する和平派と徹底抗戦を叫ぶ主戦派が対立する中、8月に劉表が病死してしまいます。劉表の息子である劉琮は荊州北部の襄陽（湖北省襄陽市）で曹操に降伏し、襄陽の南の対岸の樊に駐屯していた劉備は、慌てて荊州南部の夏口（湖北省武漢市）まで逃れます。

劉備は荊州において賓客として劉表に厚遇されていましたが、曹操に対して主戦派であると見なされて警戒されていました。曹操はタダ同然で荊州を手に入れたことから、荊州の和平派の名士に次々と官職を与えます。その頃、主戦派に与した諸葛亮は、劉備に進言します。

――**事態は切迫しています。ご命令を下さい。孫権将軍に援軍を求めて参ります。**

曹操の荊州侵攻の後は次は自分の番だと悟っている江東の孫権は、柴桑（江西省九江市柴

漢文 成敗之機、在於今日。

桑区）まで大軍を率いて来ていました。そこへ劉備の使者として若い諸葛亮が、颯爽として現れます。信頼する重臣の諸葛瑾の弟ということで、孫権は喜んで引見します。居並ぶ孫権の重臣たちが、何故に劉備に味方して強大な曹操に対抗するべきなのかと質問攻めにします。曹操に帰順か戦争かと決断できずに躊躇している孫権に対して、諸葛亮は急所を突きます。

――事態が切迫している時に思い切らずば、間断なしに禍がふりかかりましょう。

劉備と力を合わせて曹操軍を撃退して北方へ追い返せば、孫権は劉備、曹操と天下を分けて**三者鼎立**（ていりつ）（**三国鼎立**）が実現すると熱弁を奮った後、諸葛亮は本項フレーズで孫権に決断を迫ります。一歳年上の27歳と同世代の容姿端麗な諸葛亮の聡明さと弁舌爽やかさに感服した孫権は、劉備に援兵を送ることを決めます。

孫権の重臣たちは諸葛亮を大変に気に入って、スカウトしようとします。基盤のある孫権の方が吹けば飛ぶような劉備より、つまりジャスダックに上場している中堅ベンチャーの方が、事業拡大に失敗続きの弱小ベンチャーより、就職先としては良いだろうと誘った訳です。「孫権は優れたトップだが、私の力を引き出すことはできない。だから自分の能力を最大限に発揮させる場を与えてくれる劉備を選んだ」と後に諸葛亮は語っています。

最近の日本では安定した大組織ではなく、自分の能力を発揮して活躍できる場を見極めて、そこに自らを投じる決断ができる諸葛亮のような度胸と気概のある人物が減ってしまっているようです。

英訳 Future success or failure depends on the present actions.

74 メンバーの貢献に徹底して報いる

士大夫、各の帰りて主を求め、公に従うを為す無からん。

リーダーたる者は、他でましなトップを探しに帰って、誰も従う者はいなくなるでしょう。

【蜀書・諸葛亮伝】

諸葛亮に説得された孫権は、周瑜、程普、魯粛の三将軍に水軍3万を与えて派遣し、劉備軍と力を合わせて「赤壁の戦い」で曹操の撃退に成功します。荊州南部を占拠した劉備は、大功を立てた諸葛亮を軍師中郎将、即ち経営企画担当の常務取締役に任じます。

「赤壁の戦い」に敗北しながらも曹操の勢力は衰えず、江東の孫権と荊州南部の劉備以外に残るのは遼東の公孫康、関中の馬超と韓遂、漢中の張魯、益州の劉璋といった地方勢力だけになりました。地方勢力のトップたちは生き残りをかけて曹操に帰順するか、独自路線を堅持するかの選択を迫られます。現代で言えば、市場を大手3社によって7割近くを握られた業界で、生き残りをかける地方の中小企業といったところでしょう。

漢中の張魯が益州に侵攻します。益州は188年に荊州江夏郡出身の皇族で、洛陽県令、冀州刺史、南陽郡太守を歴任した劉焉が、州牧（長官）に任ぜられてから独立勢力となり、その息子の劉璋が二代目として世襲していました。その劉璋は天下に名の知れた劉備の力を

漢文 如不従議者、士大夫各帰求主、無為従功也。

使って、張魯を牽制しようと試み、腹心の法正を使者にして劉備を招きます。実は劉璋の重臣である法正、張松、孟達は語らって、劉備を新しい益州の主に迎える腹積もりでした。

法正が渋る劉備の説得を試み、諸葛亮や龐統らも後押しをします。遂に決断した劉備は関羽を荊州に残し、法正の案内に従って龐統、黄忠らの将兵と共に益州へ向かいます。そして劉璋に反旗を翻して、214年5月に成都で劉璋を降伏させて益州の新しい主となります。

7年にわたって益州を治めて、劉備は着々と力を蓄えます。そこに曹操の息子の曹丕が漢を簒奪して魏の皇帝として即位したとの知らせが入ります。そこで諸葛亮らが漢を復興して皇帝に即位するように劉備に勧めますが、劉備は躊躇します。そこで諸葛亮は、劉備が尊敬して止まない後漢の建国者である光武帝劉秀の故事を説きます。

劉秀の股肱の重臣である呉漢と耿弇が、劉秀に皇帝として即位するように勧めた時、劉秀は数度に及んで辞退しました。それを見かねて、耿純という重臣が進み出て、

――如不従議者。（如し議に従わずんば）。

「もし皆の合議に従われないならば」という言葉に続けて本項フレーズで指摘し、劉秀は遂に皇帝に即位しました。この耿純の言葉通り、誰もが小さな恩賞が欲しいからこそ、今日まで皆が劉備と艱難を共にして来たのではないでしょうかと諸葛亮が劉備に直言します。

大義名分に拘っていた劉備も、221年、遂に即位することを決断しました。組織のトップは、個々のメンバーの利益の上に存在することを忘れてはならないということです。

英訳 This is not the only available workplace. A capable person would leave and look for better leadership in another organisation.

如何にして組織を次代に託すか

75 若し嗣子、輔く可くんば、之を輔けよ。如し其れ不才なれば、君自ら取る可し。

【蜀書・諸葛亮伝】

もし息子が愚かでどうしようもなければ、君自身がこの組織を取ってくれ。

223年「夷陵の戦い」で大敗した劉備は、白帝城（重慶市奉節県）まで逃れますが気力も体力も衰えて病に倒れます。死期を悟った劉備は、成都から諸葛亮を呼び寄せます。

――**君才十倍曹丕、必能安国、終定大事。（君の才曹丕に十倍し、必ず能く国を安じ、終に大事を定めん）**。

「**君の才能は曹丕の十倍もある。必ず我が国を安じ、遂には天下を平定できよう**」と諸葛亮を枕頭に招き寄せた劉備は褒めそやしてから、本項フレーズを述べます。自分の息子が無能だったら、国をやると大胆にも告げています。曹丕が後漢の献帝から禅譲という形式を踏みながら、国を簒奪して魏の皇帝となったことを意識した劉備からの謎かけです。

劉備の長男である劉禅は既に17歳でしたので、その能力の低さは誰の目にも明らかだったそうですが、晩年に生まれた息子であることから、実は劉備は溺愛をしていました。

「死ぬまで股肱の臣として力を尽くし、忠義の操を貫く覚悟でございます」

漢文 若嗣子可輔、輔之。如其不才、君可自取。

そう諸葛亮の泣きながらの訴えに満足した劉備は、

――諸葛亮を父と仰いで一緒に国事にあたれ。

という内容の詔書（皇帝からの命令書）をつくって、劉禅に戒めを与えました。本当のところはどうだったのでしょうか。劉備の死の床での言葉を真に受けて、

「承知しました。ご子息にはしかるべき処遇をしますので、私がトップとしてやります」

もしそう諸葛亮が答えたりしたら、影に隠れていた護衛兵にブスリと刺されたのかも知れません。勿論、諸葛亮がその気配を察しないはずはなかったでしょう。

オーナー企業のトップというものは、自分の血を分けた後継者が如何に愚かであっても後継に据えたいのは、現代でも全く変わっていません。人間の性なのでしょう。如何にトップから全幅の信頼を得ている№2であっても、肉親の情には勝てないものです。劉備ともあろう苦労人の優れたトップであってもこの通りですから、現代の中小企業の経営トップであれば、然もありなんというところです。くれぐれも仕える側は留意が必要です。

豊臣秀吉は、『三国志』を知っていたであろうかと思いを巡らすことがあります。

死の間際に5歳の秀頼の行く末を心配して、五大老から血判状を出させ、徳川家康や前田利家の手を取って息子の未来を託します。劉備のように「**君、取る可し**」と、秀吉はどうして言えなかったのでしょうか。少なくとも石田三成は、自分を諸葛亮に模して演じていたかのような気がしないでもありませんし、やはり徳川家康は司馬懿に見えてしまいます。

英訳 If my son turns out stupid and hopeless, you should take over the organisation.

大義名分を貫く

76 先帝、創業未だ半ばならざるに、中道に崩殂したまう。

先代のトップは、創業も半ばの途中でお亡くなりになった。

【蜀書・諸葛亮伝】

劉禅が皇帝となって5年目の227年、諸葛亮は魏を征伐して漢を統一政権として復興させる為の大遠征を行うにあたり、駐屯先の漢中から皇帝劉禅に上奏文を提出します。本項フレーズは、後に「前出師表」と評される名文の冒頭の一節です。

天下は三つに分かれている中、劣勢にある蜀が国を保てるのは、勤めを怠らない忠義の士が先帝劉備に恩返しする為に命を懸けているからだと諸葛亮は説きます。これこそまさに、蜀が劉備亡き後に40年も命脈を保った基盤なのでしょう。劉禅に対して諸葛亮は諌めます。

- 諌言の道をふさいではなりません。
- 依怙贔屓によって内外の賞罰に差があってはなりません。
- 賢臣に親しみ小人を遠ざけて下さい。前漢が栄えた理由です。
- 小人に親しみ賢臣を遠ざけてはなりません。後漢が衰えた理由です。

続けて、孔明は自らの初心について触れています。

漢文 先帝創業未半而中道崩殂。

――私は一介の庶民として南陽で田を耕していた身分で、乱世において命を全うすればよいとしか思っておらず、諸侯の間に名前を知られたいとは夢にも思いませんでした。

と語っています。前漢の高官にまで昇った先祖がいたり、県副知事の父や州の長官の叔父などがいたりしながらも、諸葛亮は自らを庶民と見做しています。高官に昇っても三代も経て無位無官であれば、当時の感覚では一般人だったのでしょう。

若造の自分に対して劉備は三度も自分の草廬(そうろ)を訪ねて、謙虚な姿勢で世の中の動向について直々にお尋ねになり、**「三顧の礼」**でスカウトしてくれたことに感激したのが、蜀で仕える原点になったとも述べ、この上奏文を書く21年も前のことだったと記しています。

劉備が亡くなる際、大事を託されて以来、毎日朝夕あれやこれや心配して、劉備が人を見る目がなかったと批判されることがないように心掛けていたと自らの指針について述べています。諸葛亮の蜀の最高権力者としての組織マネジメントが、劉備の目という客観的な視座を意識していたからこそ、公明正大を貫けた原点がここにあるのかも知れません。

「魏の討滅と漢の復興」という組織としての大義名分(スローガン)を掲げ、自らを律するトップの姿勢を明確に打ち出した諸葛亮から、その書かれた看板が違っても、組織の大小にかかわらず、今日でも組織マネジメントの要諦を学ぶことができなくはないでしょうか。

国力も充実した今、後漢の長安と洛陽を回復して中原を平定して、劉備の恩に報いたいと涙を拭いながら上奏文を書いた諸葛亮は、漢中から10万近くの将兵を率いて出征します。

英訳 The previous top was gone in the middle of the establishment of the organisation.

力で抑えることの限界を知る

77 而して綱紀は粗定し、夷、漢は粗安する故のみ。

綱紀は緩やかに定め、組織を緩やかに安定させたからです。

【蜀書・諸葛亮伝注】

223年、劉備から蜀の後事を託された諸葛亮は、二代目皇帝の劉禅から武郷侯に封じられ、丞相に加えて益州牧にも任ぜられます。役人の任命権だけでなく、案件の大小にかかわらず、諸葛亮が蜀の全てを差配することになります。

「魏の討滅と漢の復興」という大義名分の実現を目指す諸葛亮は、北方へ撃って出る前に、蜀の南方の異民族を平定して後顧の憂いを断とうとします。

異民族のリーダーである孟獲を「七縦七擒」で心服させると、その他の南方の異民族の首長たちも全て降伏します。諸葛亮はそれらの首長の地位をそのまま認めて、蜀の地方官に任じます。日本の将棋で言えば、敵の駒を取ってそのまま打ち返してやるような手です。それを見咎めた幕僚の一人が諫めます。すると孔明は、

都から役人を派遣する ↓ **護衛する為に兵隊を送る** ↓ **兵を養う食糧が要る**

と第一の問題点を上げ、次に降伏した異民族の多くの父兄が戦闘で亡くなっているので、

漢文 而綱紀粗定、夷、漢粗安故耳。

派遣する将兵に対して恨みがあり、必ず禍の種となると第二の問題点を説きます。

また更に昔から異民族たちは、派遣された役人を追い返したり、殺したりしていたので、その罪悪感を持っている上、派遣された役人を心から信じることはできないであろうと諸葛亮は指摘します。そして諫言する幕僚（スタッフ）に対して、諸葛亮が明言します。

——兵隊も駐留させず、兵糧も送らない。

自らのマネジメント方針を告げてから、本項フレーズを述べます。異民族だけでなく、それを治める漢民族の双方も分け隔てなく、原理原則（プリンシプル）によって治めるというのです。

——心戦為上、兵戦為下。（心戦（しんせん）を上（じょう）と為（な）し、兵戦（へいせん）を下（げ）と為（な）す）。

戦争も国家運営も力で抑えることによって組織に属するメンバーをコントロールするのではなく、心を攻めることによって組織をコントロールするのが、諸葛亮流です。

この諸葛亮のやり方は、現代でも応用できる組織マネジメントの手法です。競争に勝って競合企業を傘下に収めた時、M＆Aで他社や海外企業を買収した時には特に有効です。

子会社化された企業へ本体から大勢の人間を送り込んだり、資金注入したりするようなやり方、つまり力と金によって抑え付けるのではなく、元の幹部に経営を任せるように緩やかな統治を行って、「まずは親会社に利益貢献してくれれば可（か）」とする方法です。

子会社化した場合、本体と全て同じやり方や決まりを押し付けて、同一化を図る為の莫大な労力は無駄であり、何が優先事項（プライオリティ）かを見極めることが大切であることを教えてくれます。

英訳 Confronting the rationale, I want everybody to somehow obtain relief.

失敗で問われるトップの本領

78 春秋は帥を責む、臣の職、是れに当たる。【蜀書・諸葛亮伝】

失敗の責任は、トップの職にあるものにあります。

諸葛亮は228年から234年の間、5回に及んで「北伐」を行います。中国では古代から、南方から北方勢力に対して軍事行動を起こすことを「北伐」と呼びます。前漢の武帝の匈奴征伐から近代の蒋介石による統一戦争まで、数多くの「北伐」が繰り返されました。

三国時代だけでも、袁熙・袁尚を匿う烏桓を攻めた曹操の「北伐」、合肥にいる魏軍を攻めた孫権の「北伐」、樊城の魏軍を攻めた関羽の「北伐」などがありますが、何と言っても諸葛亮の魏攻略作戦こそ、三国志ファンにとっての絶対無比の「北伐」です。

228年春の第一次北伐は、魏の皇帝から一般の人々まで震えあがらせるという点においては成功しました。223年に劉備が崩じてからの蜀は、魏にとって蜀は秦嶺山脈の奥に潜む山賊に毛が生えた程度の存在でした。まさか劉備の遺志を継いで漢の復興を目指して諸葛亮が出兵して来るなどとは、夢にも思っていなかったことから、魏の国中に衝撃が走ります。

南方の異民族を平定して背後を固めた諸葛亮は、不退転の決意を示す「**前出師の表**」を劉禅に奉っての出陣でしたので、将兵の士気も意気軒高でした。

漢文 春秋責帥、臣職是当。

魏と蜀の間には複数のルートがあり、囮として趙雲と鄧芝に大軍を率いさせて斜谷道から郿（陝西省宝鶏市）を攻略させると見せかけ、諸葛亮の本隊は愛弟子の馬謖に精鋭を与えて先鋒にして、迂回ルートの祁山から街亭（甘粛省天水市）に進軍させ、涼州の平定を目指します。幸先よく天水、安定、南安の三郡は蜀に降り、この時に姜維が蜀に帰順します。

諸葛亮が「街亭で山に布陣をしてはいけない」と言い含めて馬謖に兵を授けましたが、「高地を占拠すれば低地の敵に対して有利」という兵法の鉄則に従って、馬謖は山麓の砦に立て籠らずに南山に登って布陣しました。そこを魏の将軍張郃に水源を絶たれて攻撃され、馬謖は大敗北を喫します。これによって諸葛亮は撤兵を余儀なくされ、北伐は失敗に終わります。

実は街亭へ進軍する際、歴戦の勇である魏延や呉懿を先鋒にという意見を退けて、諸葛亮は自分の方策を忠実に実行することを期待して馬謖を抜擢しましたが、結果として敗戦し、命令違反をした馬謖を処刑することになりました。

孔子の作とされる『春秋』には、戦争の責任は「帥」、つまりトップにあると一貫して主張しています。それに従って諸葛亮は、

——**臣明不知人、恤事多闇。（臣の明、人を知らず、事を恤ること闇き多し）**。

「**人を見る目がなく、判断を誤った**」と認めてから、本項フレーズで最高責任者の自分に責任があると明言して、丞相から三ランク下の右将軍へと自らを降格します。「**信賞必罰**」を旨としていた人ですので、自らに対しても有言実行せざるを得ませんでした。

英訳 The responsibility for failure must be shouldered by the leadership.

部下との約束を守り通す

79 吾、武を統べ師を行るに、大信を以て本と為す。

私は軍隊を統率するのに信義を旨としている。

【蜀書・諸葛亮伝注】

231年、第四次北伐において諸葛亮は8万の将兵を率いて、祁山を包囲します。包囲に際して諸葛亮は、交代で2割の将兵を休息させていました。ちょうど将兵の交代の時期、そのタイミングを狙って魏の将軍である張郃が、30万の精兵を率いて押し寄せます。驚いた蜀軍の幕僚たちは、非番で帰郷する兵士を帰さずに、ひと月だけ延長して戦闘に参加させるべきだと口々に諸葛亮に提言します。すると諸葛亮は、本項フレーズを述べます。

既に帰り支度をしている兵士に旅装をとかせ、その妻子が鶴のようにクビを長くして帰りを待ちわびているのに、苦戦が予想されるからといって、帰還の約束を反故にすることは、

——**義所不廃。（義、廃れざる所なり）**。

「**休暇を取り消せば義が廃れる**」と明言します。すると非番で帰る予定の将兵たちは、その諸葛亮の言葉に感激し、留まって一戦すると申し出、当番の将兵たちも喜んで死に物狂いで働くと言い始めます。そこで蜀軍は一丸となって、一人で敵兵十人に当たる勢いでこれを粉

漢文 吾統武行師、以大信為本。

砕し、張郃を打ち取り魏軍を敗退させる大勝利を挙げました。

「働き方改革」が声高に叫ばれている現代において、年度末などの繁忙期を口実に残業を強いる企業が未だにあるにもかかわらず、今から１８００年近く前の時代、それも命を張る戦場にあっても、将兵に約束した休暇だから守るという姿勢、これだけを見ても諸葛亮が、如何に時代を超越した優れたリーダーであるかが窺えます。

諸葛亮は尊敬した管仲（かんちゅう）の流れをくむ「法家（ほうか）」を手本にしており、「法（ルール）」の厳格なる運用による**「信賞必罰」**を正しく行う組織マネジメントの実践者であり、**「名誉と恩恵によって組織の上下にケジメができることにマネジメントの要諦がある」**というのが諸葛亮の信条でした。

組織内における信頼関係は、約束や「法（ルール）」を厳守する有言実行のみでしか、生み出すことはできないものです。そして自らを律して己に厳しいからこそ、人は付いてくるものであることを諸葛亮はよく理解していました。諸葛亮は亡くなる以前から皇帝劉禅に対して、

――不別治生、以長尺寸。（別（べつ）に生（せい）を治（おさ）め、以（もっ）て尺寸（せきすん）を長（ちょう）ぜず）。

「権力を行使して私腹を肥やして少しでも財産を殖やそうとは思ったことがありません」と言明していただけあり、没後には自邸には絹や金などの余財など一切なかったそうです。

２３４年に54歳で五丈原にて陣没するに際して諸葛亮は、魏との最前線である漢中の定軍山に地形を利用して墓をつくり、葬る際には普段着のままで副葬品を一切入れないようにと遺言で厳命しています。諸葛亮も曹操と同じく、薄葬を希望していました。

英訳 My principles in commanding the armed forces are based on faith and trust.

コラム　三国志余聞⑫

武侯祠

諸葛亮の先祖は後漢の警察庁長官を務め、父は泰山郡の丞（次官）、叔父は劉表から豫章太守に任ぜられているので、決して庶民とは言い難い血筋だ。17歳でスポンサーの叔父が亡くなり、田舎に引き籠って悠々自適に10年も過ごしていたので、本人は庶民であったと認識していたのであろうが、官職に就くこと、貴族であること、名門であること等、若干の感覚の違いが日本と中国の間には存在するのであろう。

　実際、孔明の妻の実家は裕福であり、妻の母の妹は劉表の後妻でもあったことから、権力に近いところにあった。自らは官職に就いていなかったことで、布衣、つまり庶民と称しただけで、何か農夫や隠遁を気取った感じがしないものでもない。

　しかしながら、こういったところが、鼻白んで聞こえないところに孔明の人柄と謙虚さがある。布衣とは、ぬのぎぬ、ふい、ほういとも読むが、庶民は絹以外の繊維でつくった布を身に着けたことから、中国では庶民、官位のない人という意味であった。日本でも、身分のあまり高くない武士が着用した無紋の狩衣のことを指した。

　南陽は河南省の南陽市で、現在においても大きな武侯祠があることで知られている。河南省は中国における第三位の人口９４００万人を抱える省で、豊かな農村地帯であり、21世紀に入ってから重点的に開発が進み、南陽市は１００万の人口を擁する巨大都市である。

　元々南陽は、古代中国では中原として知られ、豊かな土地柄であり、後漢の光武帝劉秀の出身地でもある。南陽の武侯祠には、歴代の著名人の石碑が諸葛孔明の遺徳を偲んで書を残しているが、実は、孔明が隠棲していたのは、南陽から１５０㎞南の襄陽西北郊外の古隆中であるとされている。

　確かに三国時代の荊州の位置から勘案すれば、南陽でなく襄陽に軍配が上がる。南陽は歴史的に軍都として重要な拠点であったことが、武侯祠が大きく祭られたのかも知れない。

　武侯祠は、清代には四川、雲南、貴州の三省だけでも100か所近く存在したそうだが、比較的保存状態が良く大きな武侯祠が、中国には14ばかり現在まで残っている。

▲古隆中の孔明像
（湖北省襄陽市）

▲白帝城内の孔明木像
（重慶市奉節県）

▲南陽武侯祠の孔明木像
（河南省南陽市）

▲成都武侯祠の孔明像
（四川省成都市）

▲五丈原武侯祠の孔明像
（陝西省宝鶏市）

リーダーに不可欠な柔軟性

80 変に応じ、略を将いるは、その長ずる所にあらざるか。

【蜀書・諸葛亮伝】

「臨機応変」の戦略は、諸葛亮の得意ではなかったのであろうか。

リーダーたる者には、様々な事態や状況に遭遇した時にも、適切な行動が瞬時にできる「臨機」、相手の欲することを瞬時に察して的確な対応ができる「応変」の資質が大切です。『三国志』に登場する英雄たちは、多かれ少なかれ「臨機」の才を備えていました。その最も優れていたのが曹操であり、それに比肩するのが諸葛亮であったことは間違いありません。『三国志』の編者である陳寿は、諸葛亮への「臨機」の才についての評価には辛いものがあります。諸葛亮はマネジメントの方法を良く心得た天才であり、管仲や蕭何に比肩する名宰相であると絶賛する一方で、毎年のように軍隊を率いて北伐を敢行しながら、魏を討滅するという目的どころか長安の奪回すらできなかったと本項フレーズで指摘します。

現実的に情勢判断をした諸葛亮は、積極的に長安を攻略しようとは思っていなかったのでしょう。**「魏の討滅と漢の復興」**という大義名分で、魏との国境へ軍を進めて戦時体制を敷き、緊張感を喚起して国家をマネジメントするというのが諸葛亮の方策であったのです。

漢文 応変将略、非其所長？

諸葛亮が亡くなった五丈原は、北伐の際の最前線の拠点として堅固な要塞が築かれた高台ですが、長安まで150km程の距離もあり、長安を攻略しようと狙っているにしては心持ち遠い地点です。大勢の兵ならば、5日の行軍が必要でしょう。因みに現代では、西安から車で2時間、高速鉄道を利用すればたったの40分程です。

実質を重んじ、志も高く、決して拙速な結果を求めず、常に冷静な諸葛亮は、自らを厳しく律したことから、厳格な「法」にもかかわらず人々は喜んで従ったそうです。

- **刑罰や命令は厳格にして明確で「信賞必罰」を第一とした。**
- **善行は小さなことでも必ず賞し、悪行は些細なことでも必ず罰した。**
- **諸事に細かく気付き、一つひとつ根本を尊重した。**
- **公正誠実の心があり、常に礼節を失わなかった。**

蜀の尚書令は、法正、劉巴、李厳、蒋琬、費禕、董允、呂乂、鎮祇、董厥と続いて最後に務めたのが樊建という人です。樊建は劉禅に従って蜀滅亡後に洛陽へ赴き、後に晋の武帝司馬炎に仕えます。ある時、司馬炎から諸葛亮はどのような人物であったかと問われます。

――自分の悪い点を聞けば直ちに改め、過ちを強引に押し通すことはせず、賞罰の間違いのなさは、心から感動する程でした。

その答えを聞いた司馬炎は、自分の補佐役であれば、マネジメントを全て任せたであろうと賞賛したそうです。諸葛亮は、現代においても第一級のリーダーたる者でしょう。

英訳 Zhuge Liang may not estimate the strategic skills needed for adapting to changing circumstances.

上役のプライドを巧みにくすぐる

81 猶お未だ髯の絶倫逸群なるに及ばざるなり。【蜀書・関羽伝】

ヒゲ殿は未だ別格、誰も及ぶところではありません。

関羽は義理や信義に厚い文武両道の人物として、同時代の人々からも尊敬されたばかりか、現代中国や日本においても最も人気のある人物の一人です。

関羽は歴代皇帝から官爵や諡号を贈られ、1614年には明の万暦帝から遂に神号を贈られて道教の神となります。以来「関帝」と呼ばれるようになり、中国大陸のみならず朝鮮半島、東南アジア、横浜や神戸に長崎などの日本にも、華僑の住む地に「関帝廟」が存在します。

関羽の故里である司隷解県（山西省運城市）は、塩湖があることで古代より塩の産地として知られ、関羽も塩の商人をしていたことから、義理に厚い人物だからきっとビジネスの約束も違えなかったであろうということで、商売の神様として崇められることになりました。

関羽は庶民の生まれでしたので、出世した後でも下々の人には優しいものの、自分より上の者や裕福に生まれた者に対しての反骨心が強く、その為に恨みを買うことがありました。自らの努力で出世したことから、自分に自信があり、プライドも高かったのでしょう。

劉備がまだ無名の頃に幽州涿郡で知り合って義兄弟となって以来、死ぬまで忠義を尽くし

漢文 猶未及髯之絶倫逸群也。

ました。曹操から厚遇されながらも、袁紹との戦で敵将を斬って曹操に義理を果たしたとして、劉備のもとへ戻ったことは関羽の忠義を示す有名な逸話です。

中国の伝統劇は勿論、現代の映画やテレビに登場する関羽は、赤い顔に2尺（約50cm）の長い顎鬚と頬髯が蓄えられ、緑の頭巾に衣服と長い青龍刀の出で立ちで必ず描かれます。生前からその美しく長い髭は有名で、『**三国志演義**』では「美髯公」と呼ばれています。本当に諸葛亮には「髯殿」と呼ばれていたことが、本項フレーズから知ることができます。

「**赤壁の戦い**」の後、江南の諸郡を得た劉備は209年、関羽を襄陽太守として荊州の統治を任せます。214年、益州平定に赴いた劉備の旗下に、曹操を二度まで追い詰めた猛将として名高い馬超が加わった際、心情穏やかならざる関羽は、襄陽から諸葛亮に手紙で、

「馬超の才は誰に匹敵するか」と尋ねます。諸葛亮からの返事には、

「馬超は文武に優れた英傑で、張飛将軍とは互角の良きライバルでしょう」

と前置きをしてから、本項フレーズを記します。関羽が喜んだことは、諸葛亮からの手紙を皆に見せびらかしていたということから知ることができます。

如何なる組織にもその大黒柱となる先輩先人がいるものです。その実力や実績に誰も文句は言えませんが、そのプライドをくすぐりながら、大局的な見地から組織全体の揉めごとを収める巧みさは、諸葛亮のリーダーとしての器量を窺い知ることができる逸話です。

英訳 Lord Moustache is still the most special and is above the rest of the lot.

コラム 三国志余聞⑬

関羽の本当の墓

呉の呂蒙に敗れて逃れる中、兵士たちも四散してしまった関羽は、孫権からの降伏勧告を受け入れるふりをして逃走しながらも、臨沮(りんそ)において捕虜となって斬首された。

孫権は劉備の恨みを買うことを恐れて、その首を曹操に送り届ける。災禍を押し付けられた曹操は孫権のセコさに苦笑しながらも、関羽を人物として認め、諸侯の礼をもって洛陽郊外に丁重に葬った。

現在の洛陽市の大きな「関林」が関羽の墓として知られ、一大観光名所となっている。現在の洛陽は北宋時代からのもので、曹操の時代の洛陽は現在の東に位置していた。

１９６０年代に洛陽郊外で大きな洪水が起き、洛陽市に隣接する偃師(えんし)市一体も被害に見舞われた。偃師市の寒村で、密かに地元で関羽の墓として伝えられていた大きな塚も水害に遭った。急遽、河南省の考古学者たちによって発掘され、盗掘された跡もなく、関羽の名を記した墓碑と共に、大きな頭蓋骨が出て来た。

その発掘現場に立ち合ったという80歳の古老は、村の男たち総出で発掘作業をして、頭蓋骨が出た時は「やはり関羽の墓か」と誰もが興奮したが、それを持ち帰った許という発掘隊長が「全身の遺骨が出なかったので、正式に関羽の墓とは認められない」と発表し、塚も修復されず、頭蓋骨も行方不明ということになったと語ってくれた。史書には首と胴体は別々に埋葬されたことが明白に記されているので、この発掘隊長は農民に対して、その場しのぎの回答をしたのであろうか。

洛陽市にとって観光産業は最大の収入源であることから、関羽の本当の墓が発見されたことでの打撃を恐れたのではないかと噂されている。関林の関羽の廟としての魅力が失われることは全くないはずだが、政治的忖度でもあったのであろうか。今では農村の片隅の瓦礫の下に、関羽の本当の墓が埋まっており、10分ばかり農道を歩いたところに、文革で破壊されて、地元の農民の寄付で再建された関帝廟と墓碑がひっそりと残されている。

▲関羽の墓跡（河南省偃師市）

▲関羽の像
（河南省洛陽市関林内）

▲関羽の像
（山西省解州市関羽故里内）

▲関羽の墓碑
（河南省偃師市）

剛腕なリーダーが陥る罠

82

飛は君子を愛敬するも、小人を恤まず。【蜀書・張飛伝】

張飛は身分の高い者を尊敬したが、目下の者には情け容赦なかった。

関羽と張飛は義兄弟の誓いに甘んじることなく、人前では長兄たる劉備を主として立てたそうです。劉備には強い勇将が二人いることは知られており、曹操の参謀役である程昱は、

——**張飛の勇猛さは関羽に次ぎ、一人で一万人に匹敵する。**

曹操の参謀役である郭嘉も同意見で、また孫権の参謀役である周瑜からも高評価です。

——**関羽と張飛を従えれば大業を成せる。**

確かに劉備は一介の筵売りの身分から皇帝にまで出世しましたが、関羽と張飛の二人がいなければ世に出ることもなく、諸葛亮とも出逢うことはなかったはずです。

張飛は『三国志演義』のせいで、お人好しながらも知恵足らずの乱暴者、『西遊記』の猪八戒のようなコミカルな立ち位置で描かれたり、色黒の不細工な人物で描かれています。『三国志』に所縁の地にある張飛廟には、豚鼻で醜悪で怖い顔をした大柄の像ばかりです。

実際のところはそんなに醜男の乱暴者ではなかったらしく、書や絵の上手い細身ながらも力持ちであったという話も伝わっています。２００年に薪を山中で集めていた13、４歳の少

漢文 飛愛敬君子而不恤小人。

女を誘拐して妻とした話がありますが、これが夏侯覇の従妹で、二人の間に生まれた娘は、劉備の息子の劉禅の后となっています。果たして、そんなに醜男だったのでしょうか。

張飛が知恵足らずでなかったことは、**「赤壁の戦い」**の後に宜都太守に任命されて以降、各郡の統治者として実績を積んでいることでも分かります。また益州攻略の際に生け捕った巴郡太守の厳顔を罵倒すると、「首を刎ねるなら早くやれ、怒鳴ることはない」と言い返されて感じ入るものがあり、厳顔の縄目を解いてそれ以降は賓客として扱った逸話もあります。

張飛も関羽と同じく自分に厳しい努力の人でしたので、自分に仕える者には極めて厳しかったことが、本項フレーズから分かります。劉備もその点についてよく注意したそうですが、最後まで改まることがなかったようです。

２２１年、関羽の弔い合戦の為に劉備が呉を攻める為、一万の兵を率いて江州（江西省九江市）で合流する前に、酒をかっ食らって寝ている最中、二人の近習に寝首を掻かれて亡くなります。日頃から過失のあった兵士を死刑にしたり、鞭打ったりすることが多くあり、それにもかかわらず処罰を与えた者を許して使っていたそうですが、打たれた方はその恨みを忘れることはないということが、張飛には理解することができなかったようです。

叩き上げの自信家であるリーダーの場合、往々にして他人も自分と同じ考え方で厳しさに愛情を感じて当然と錯覚しがちですが、他人は自分と違うということを知る必要があります。

英訳 General Zhang Fei respected noble people, but he did not forgive or show mercy to those at the lower ranks.

部下を最後まで信じ抜けるか

83 子龍は我を棄てて走ず。

趙雲はワシを裏切って逃げ出すことなどない。

【蜀書・趙雲伝】

『三国志演義』の英雄たちの中で、日本人の間で一番人気は趙雲と言われています。寡黙ながらも、やるべきことはしっかりと、それもサラリとやって自らの功を誇らない裏方、出しゃばらず控え目で、縁の下の力持ち的存在とあれば、誰も疑義を挟まないでしょう。

『三国志』では、「関張馬黄趙」と五人の蜀将、即ち「**五虎大将**」がまとめて伝が立てられており、趙雲の実力がほぼ同時代においても人々から認められていたことが分かります。

趙雲が武芸に優れていたことは、208年の「**長坂の戦い**」で曹操に大敗を喫した劉備が、二人の夫人と赤子の劉禅を見捨てて逃走した時、それを敵中に探して救い出した話で有名です。漢の高祖劉邦が彭城（江蘇省徐州市）で項羽に攻められて逃走する途中、馬車を軽くする為に、娘と息子を車外に放り出したのを曹参が拾って救った故事を彷彿させます。満身創痍の趙雲が懐に赤子の劉禅を抱えて戻って来た時、劉備はその赤子を投げ捨てながら、

「こんな赤ん坊のせいで、大事な忠臣を失うところであった」

と言って趙雲を讃えるシーンは、現代中国人でも知らない人はいない逸話です。

漢文 子龍不棄我走也。

昭和の時代には、怒ったふりをして、大きな灰皿を投げる中小企業の社長がいた話を聞いて、昔の人は乱暴だと思っていると、「人に当たらないように投げているんだよ」と聞いて得心がいったことがありますが、劉備は怪我をしないように劉禅を地べたに投げたのでしょうか。暗愚とされる劉禅は、この時に頭の打ちどころが悪かったのではないかと勘繰りたくなります。

『三国志』に所縁ある**遺跡**にある売店で、樹脂製フィギュアの**「五虎大将」**セットがよく売られていますが、その中で、懐にタラコのような形をした黄色い布にくるまれた赤子を抱いている精悍な武将があり、誰もが直ぐに趙雲だと分かります。

さて、劉備が見捨てた夫人と赤子を救う為に、趙雲が反転して敵中へ馬を走らせたのを見た多くの兵士の中には、趙雲が裏切ったと見誤った者が多くいました。

しかしながら、趙雲の人柄をよく知る劉備は、本項フレーズで趙雲の忠義を一ミリも疑ったことがないと明言します。こういった人財思いの言葉や演出が、人の心を掴むことを劉備はよく知っていて、どんなに窮地に追い込まれても、ギリギリからでも逃れて助かることができた秘訣なのでしょうか。

——子龍、一身都是膽也。

「趙雲は身体全てが肝っ玉のような男だ」と劉備は趙雲に対していつも褒めて憚りがなかったそうです。趙雲が日頃からの劉備の期待に応えた瞬間が、劉禅の命を救った時でした。

趙雲は**「五虎大将」**の中で一番長生きをして、229年に亡くなっています。

英訳 General Zhao Yun has never betrayed me or run away from me.

84 其の譚を美ざれば、即ち声名、慕企するに足らず。

美点を高めに褒めてやらねば、名声を得ようして、やる気を出す者はいません。【蜀書・龐統伝】

司馬徽から「南州（中原の南部）の名士の中で、君は第一人者になれるであろう」と20歳の時に評価された龐統は、荊州の劉表に早くから出仕して役人となりました。179年に荊州襄陽に生まれた龐統は、30歳の頃までには実績を積んで世間で認められています。

孫権が荊州に周瑜を派遣して南郡を治めた時、龐統は郡の功曹に任ぜられました。官吏の採用や人事を行う役職です。企業で言えば人事部長で、龐統は人財育成に才能があると評価されていました。龐統が人物を採用可として推挙する際には、その本人が持っている能力以上に褒める傾向があり、それについて疑問に思った人が龐統に尋ねます。すると龐統は、

「現在は変化の激しい時代で、正しい方向はどこなのか見えなくなっています。善人が少なく、悪人が多い世の中を善くしようと思えばこそ」

と前置きしてから、本項フレーズで指摘した後に龐統は、

「やる気が出なければ、善を行なおうと思う者などいない」と言明してから、続けて、

漢文 不美其譚即声名不足慕企。

――今抜十失五、猶得其半。(今、十を抜きて五を失うも、猶お其の半を得る)。

「その気になった者の十人を抜擢して、そのうちの半分でも組織の為の人財となれば、結果として儲けものであろう」とリアリストらしく言及しています。

有名なアドラー心理学では、「褒められることに依存する人間をつくり出す」として、

――褒めること、教えること、叱ること。

の三つが否定されています。正確には、上から目線でこの三つのことをしてはいけないという説で、人財育成における「褒める」という行為について、大きな一石を投じています。

この西洋心理学に呼応した流れの中で、日本のゆとり世代に対して「褒めないと伸びない」とか「褒めても伸びない」といった嘆きの声が聞こえて久しいですが、1800年前の昔も今も人の心など変わりません。「褒めないと伸びない」のが別に「ゆとり教育」のせいではないことは、龐統の逸話からも分かります。とにかく褒め過ぎといった手法で人事や採用を行うことは、決して間違いではないのではないでしょうか。

――褒めないと人は動かない。

この山本五十六・連合艦隊司令長官の名言はよく知られていますが、確かに貶して人が動いたり、育ったりしたケースは寡聞にして知りません。

余談ですが、周瑜が占領中の巴丘（湖南省岳陽市）で210年に病没した際、龐統は周瑜の遺体を呉の孫権の所に移送する役に選ばれています。

英訳 Members in an organisation do not feel motivated if someone from the top does not praise their merit lavishly.

▲三義兄弟像（河北省涿州市）

▲劉備の生家跡（河北省涿州市）

▲魏延の祠（四川省徳陽市）

▲定軍山（陝西省漢中市）

▲白帝城（重慶市奉節県）

▲劉備像（四川省成都市）

▲諸葛亮の陵墓（陝西省漢中市）

▲劉備の陵墓（四川省成都市）

85

始(はじ)めて其(そ)の驥足(きそく)を展(の)ぶべきのみ。

始めて名馬もその俊足を使って、疾走することができるものです。

【蜀書・龐統伝】

「臥龍(がりょう)と鳳雛(ほうすう)の二人を得れば天下を獲れる」という話に期待を寄せた劉備には、将棋でたとえれば、金銀クラスの勇猛な士はいても、飛車角クラスの格上の人財が欠けていました。「飛車」は十字に、「角」は斜め前方・斜め後方に、自由自在に動くことができ、それぞれ違う性質を備えながらも他の駒とは一段ばかり抜きん出た優位さに、持ち味があることは誰でも知っています。

劉備の飛車角となった諸葛亮と龐統は、共に優れた智略を有しますが、風貌や性格は全く違ったということになっています。長身で美形(イケメン)の諸葛亮と違って、龐統は容姿に恵まれなかったとされています。『三国志』には諸葛亮の風貌の良さは記されていますが、実は龐統の容貌については正確な記載がなく、あくまでも民間の伝承に過ぎません。

劉備は自らの大志の実現の為、人財を発掘することに長年にわたって注意を傾けていました。**「三顧の礼」**で迎えた諸葛亮の場合、爽やかな容姿に加えて明晰な頭脳から繰り出される心地よい弁舌にも魅了されて、実績もないまま直ぐに参謀役(アドバイザー)に取り立てた程です。しかしな

漢文 始当展其驥足耳。

がら、トップは人物を外見で判断せず、常に優れた人財の価値を見抜いて、その才能を発揮する場をつくることが責務です。

一方、龐統は劉備のもとに自ら訪れた際、諸葛亮や魯粛からの紹介状を見せませんでした。龐統の容姿や言動には、劉備に気に入られるものがなかったのか、劉備は龐統をひとまず県令に任じます。劉備は龐統をスパイや刺客の類ではないかと疑ったのかも知れません。やがて閑職に甘んじていることを聞き及んだ魯粛が、劉備に手紙を書きます。

――小さい出先を任せるのではなく、大きな組織マネジメントに参画させる器の人物です。

と龐統を強く推挙する内容をしたため、本項フレーズを記しました。

「活躍の機会やポジションがあってこそ、優れた人財は実力を発揮することができる」という訳です。そこで劉備は龐統を諸葛亮と同じ軍師中郎将に取り立てています。後に龐統の策に従って、劉備は益州の攻略に成功します。

龐統は閑職をあてがわれた時、昼間から酒ばかり食らって仕事をせず、決裁待ち書類が山積みになっていたそうです。組織において仕事を真面目にしないやる気のない者が存在するのは、その能力を引き出すポジション、つまり**「適材適所」**にいないからかも知れません。

トップはよくよく組織のメンバーを普段から観察する必要があると共に、外見の善し悪しやプレゼンの良し悪しで、その人の能力をジャッジしてはいけないということでしょう。外部に人財を求めなくとも、直ぐ近くに鳳雛がいるやも知れません。

英訳 An excellent horse can run at full speed with a fast rider.

目標を明確に定めて達成する

86 毎に操と反する、事乃ち成る可きのみ。【蜀書・龐統伝注】

全て曹操の逆を行くことで、私の目的は達成されるのだ。

魯粛からの手紙に促されて、ようやく劉備は龐統と語り合う機会を設けると、直ぐに龐統の頭の切れの良さが、諸葛亮と同じであることに気付きます。

――天下智謀之士、所見略同耳。(天下の智謀の士は、見る所ほ略同じきのみ)。

「世間で一流といわれる参謀役は、似たような所に着目するものだ」と感心した劉備は、龐統を諸葛亮と同じ参謀役に任じ、その龐統が劉備に献策します。

「曹操の来襲以来、荊州は既に興廃して人財もおらず、東に孫権、北に曹操がいる中、荊州だけでは対抗できません。豊かな益州を拝借すれば、三者鼎立(三国鼎立)も可能です」

実は三国鼎立は諸葛亮の専売特許のように誤解されていますが、荊州の名士たちの間では早くから議論されているテーマでした。古くは劉邦と項羽が争った楚漢時代に蒯通が献策しています。劉邦の大将軍である韓信の参謀役であった蒯通は、韓信が斉王に劉邦より封ぜられた時、第三勢力として自立して、劉邦と項羽が相争って共倒れを待って「漁夫の利」を得るように韓信に勧めます。韓信は採用しませんでしたが、後に処刑される前に蒯通の献策に

漢文 毎与操反、事乃可成耳。

従わなかったことを後悔します。勿論この逸話（エピソード）は、三国時代にもよく知られていました。

鼎（かなえ）は三本脚の中国古代の器ですが、物事を三つの足で支える、三つ巴、御三家、三種の神器、三位一体、世界三大○○という言葉が今でも使われるように、三択には妙に安定を感じさせるものがあります。私たちが、三次元世界に生きているからでしょうか。

話は寄り道しましたが、龐統の提案に対して劉備は、

「現在ワシと水と油の関係にあるのは曹操だ。曹操が厳格にやれば、ワシは寛大にやる。曹操が武力に頼れば、ワシは仁徳に頼る。曹操が策謀を行えば、ワシは誠実に行う」

と答えてから、本項フレーズで自分の方針を説明します。そして続けて、

——つまらぬ手段に出て、天下の信義を失うようなことはしたくない。

劉備は断言しました。１９９年に劉備が曹操と袂（たもと）を分かって徐州へ逃亡して以来、龐統と語り合うまでの10年の歳月の間、劉備の明確な指針として、自分がライバルと目し、ベンチマークとしている曹操という人物に対して、その真逆を行くことによって自らの存在価値を求め、自らの立身という目標を達成しようと考えていたことが窺えます。

劉備が若き日に挙兵した１８４年の時点の志と、20年以上も後の志（こころざし）とは大きな乖離（かいり）があったはずですが、アンチ曹操を軸にして結果として劉備は大業（ビッグビジネス）を成しました。それは最後のここぞという時に、非情にも**「臨機応変」**の決断ができたところにあります。

英訳 My purpose is accomplished by always going against Cao Cao.

機を見て臨機応変に勝負をかける

87

権変の時、固より一道の能く定むる所に非ざるなり。

世の中が変化していく時代には、固定した一つのやり方では対応はできない。

【蜀書・龐統伝注】

既定方針を曲げない、原理原則を曲げないというブレない姿勢は、優れたリーダーたる者の資質ですが、その時の状況や空気を常に読み取り、柔軟に対応して自らの立ち位置を修正して方向を変えることができるという「**臨機応変**」のセンスも極めて重要です。どんなに優れた能力を備えた人であっても、自分の中の小さな拘りやポリシーを近視眼的にしか判断することができなければ、リーダーとしては失格です。

「その場に応じて変化し、最も的確な対応をすること」、即ち「**臨機応変**」とは一言で言えばアドリブができるかということです。「**臨機応変**」は『南史』列伝第四十一にその出典があります。梁の将軍である蕭明が、敵を前にしながら戦闘を開始しなかった時、それを見かねた幕僚の一人が、何をグズグズしているのですかと急かすと、

――**吾自臨機制変**。（**吾、自ら機を臨みて変を制す**）。

「**状況を把握してその変化をコントロールしようとしているのだ**」と答えたことにあります。

漢文 権変之時、固非一道所能定也。

「臨機応変」に行動することは、自然に身に付いたセンスや勘、閃き（ひらめき）などによった結果などではありません。常に何が最終目的なのかを見極め、如何なる手段手法で最終地点に辿りつけるかと合理的に判断し、決断した結果であり、その為には次の二つが肝要です。

- **結果まで見通せる広い視野を養うこと**
- **如何なる状況にあっても動じない覚悟を持つこと**

「臨機応変」の才の反対は「杓子定規（しゃくしじょうぎ）」の考え方ですが、一つの基準で全てのことを決めようとするやり方です。一言で言えば、融通が利かないということです。複眼的に且つ客観的に周りを見ていかなくてはならないリーダーにとっては、致命的な欠陥です。

劉備が龐統と現状の打開策について話し合った時、劉備の正義を前面に押し出し過ぎる方針を受け入れながらも、龐統は巧みに本項フレーズで劉備を諭します。

「臨機応変の策を練る必要がある時代には、正義一筋だけで押し通すのは如何でしょうか」

正しい大義名分（スローガン）は大切ですが、ここぞという時はそれをかなぐり捨て、その後にはしっかりと後始末をするということが、弱肉強食の世界におけるリーダーたる者の決断です。

――**逆取順守**。（**逆取**（ぎゃくしゅ）**して順守**（じゅんしゅ）**す**）。

この言葉にハッとした劉備は、他国の領地を力で奪っても正しい方法でマネジメントし、処遇をきっちりとしてやれば、信義に背くことはないと解釈します。大義名分（スローガン）と美辞麗句のお題目を捨て、自らの行為を正当化して、益州征服という勝負に一気に出ることになります。

英訳 One cannot deal with a changing world in a fixed manner.

88

トップはM&Aをゴールとするな

人の国を伐ちて、以て歓を為すは、仁者の兵に非ざるなり。

他国を征服して喜ぶことは、優れたトップの取るべき態度ではありません。

【蜀書・龐統伝】

現代のビジネスをマネジメント力と技術力の競争、つまり血の流れない戦争と考えた時、他国を征服する＝M＆Aを行うと置き換えて差し支えないでしょう。M＆A、即ちMergers and Acquisitionsを直訳すると「合併と買収」であることは、今日では誰でも知っているビジネス用語です。

企業間の業務及び資本提携、事業譲渡、会社分割、吸収合併といったことは、20世紀初頭の工業化が進んだ日本にも既にありましたが、M＆Aという言葉が流行り出したのは、１９８０年代のバブル景気による日本企業の海外進出が活発化し始めた頃からでしょう。M＆Aは急激な円高と外為規制の緩和によって、手っ取り早く海外の市場を獲得する手法として非常にもてはやされました。

一方の会社が他方の会社を買い取る経営統合、ややもすると敵対的買収を指すニュアンスが強かったM＆Aという言葉が、今日では破綻企業の救済、新規事業や市場への参入、企業

漢文 伐人之国而以為歓、非仁者之兵也。

競争力の強化、後継者不在による事業継承問題の解決といった企業資源の効率的活用策として、当たり前のようにまた積極的に行われるようになりました。

他の企業を買収するということは、企業統合により一方の会社が消滅することを意味します。子会社として社名も残る場合もありますが、買収されて吸収される会社の名前が消えて無くなる方が多いのが実状です。まさに征服による国家消滅です。

M&Aの為には莫大な資金が投入される訳ですから、投入した側は投入した先の企業をマネジメントする為の経営トップを派遣します。買収された側の企業では権力を握っていた幹部が一掃され、これまでと違う常識やルール、価値観を持った経営トップや幹部に対して、期待だけではなく恐れを抱くのは自然なことです。

これまで敵対していた組織のメンバーを新しい仲間として、新しい戦力として活用する為には、経営トップは大局的な立場で組織マネジメントを行って、その協力と支持を最大限に得なくては投資費用を回収することはできません。

M&Aは経営トップとなる優れたリーダーにとっては、手段であっても決してゴールではありません。M&Aの成功に狂喜乱舞して、トップが有頂天になってはいけないことの愚は、龐統の本項フレーズで分かります。212年に蜀の要衝である涪水(ふうすい)関を破った後の勝利の宴の際、満面の笑みの劉備を強く諫めた時の言葉です。負け戦の多い劉備も久々の勝利についつい緊張が緩んでしまったのでしょう。

英訳 A benevolent leader should not take pleasure in conquering other countries.

89

クセのある人財を受け入れる度量

好尚同じからざると雖も、公義を以て相取る。

性格の違いがあるけれども、組織の為になれば協力する。

【蜀書・法正伝】

劉備に益州を占領させて皇帝として即位させた最大の功労者は、法正です。劉備の信頼も絶大で、２２０年に46歳で早世しなければ、諸葛亮が丞相として活躍することがなかったかも知れません。法正と諸葛亮の気質や手法は違いましたが、組織の為に本項フレーズにあるようにお互いにその能力を認め合っていたようです。後年に劉備が**「夷陵の戦い」**で敗北した知らせを聞いて、「法正が生きていれば」と諸葛亮が嘆いた話が記されています。

法正は現在の陝西省宝鶏市眉県の地方役人の家に生まれ、後漢末の動乱時に幼馴染の孟達と共に益州に移り、劉璋に仕えました。しかしながら、劉璋では乱世において大業を成せないと判断した法正は、親友の張松と一計を案じました。それは、漢中の張魯の脅威を劉璋に煽り、益州の防衛を口実に劉備を招いて主にするというものです。

２１４年に益州の平定に成功した劉備は、法正を蜀郡太守・揚武将軍に任じてその功に報います。法正は要職に就くと、昔にお世話になった人に恩返しをする一方、過去の些細な恨

漢文 雖好尚不同、以公義相取。

みに対しては殺害して復讐するなど過ぎた行動があり、諸葛亮にそのことを訴える人がいました。この時、諸葛亮は法正の功績と劉備の信頼の厚さを考慮すれば、彼の過ぎた行動も不問にするしかないと答えています。自分に比肩するライバルを追い落とす絶好の機会でもありましたが、組織の為に最善を選ぶ諸葛亮の冷静さと柔軟さが窺えます。

益州での劉備の政治体制では、重臣の筆頭は諸葛亮や龐統ではなく、法正が推挙した許靖（きょせい）でした。後漢の名門出身である許靖は若い頃から曹操、袁紹、劉表らと交友があり、曹操を「乱世の奸雄」と評した許劭（きょしょう）の従兄です。許靖は中央の要職に就きますが、乱世になると地方へ逃れ、最後的には益州の劉璋に招かれて重職を任されます。劉備が成都を包囲した際に許靖は、劉璋を真っ先に見捨て逃亡しようとして捕まります。このことを知った劉備は、許靖を嫌って任用しませんでしたが、法正が次のように進言します。

「許靖は天下で名高く、重用しなければ名士（エリート）を軽んじていると世間に見なされます」

許靖は蜀の最高位の司徒（しと）に任ぜられ、後に皇太子劉禅の傅役（ふやく）にちゃっかり収まっています。

２１９年に曹操が漢中を放棄して蜀征伐を断念したのは、**「定軍山（ていぐんざん）の戦い」**で大将軍の夏侯淵を黄忠に討たれるという大敗北を喫したからです。劉備の参謀役（アドバイザー）として采配を振るった法正の名前を聞いた曹操は、次のように驚嘆の声を上げたそうです。

「天下の優れた人財を全て集めたと思っていたが、法正のような男がまだいたのか」

英訳 Despite differences in their personalities, everybody should cooperate on actions that are good for the organisation.

90

大胆な抜擢人事を行う

孤の如きは、之を任用すべきも、孤に非ざる者は、独任するは難きなり。

ワシのような男なら彼を使いこなせるが、ワシでなければ彼に任せないだろう。

【蜀書・劉巴伝】

創業者やオーナー企業のトップには、雇われ経営者には無い独特の魅力と共にカリスマ性があるものです。こういったトップは、普通の人とは違った発想で人財を見抜きますので、世の中の常識や慣例に捉われない抜擢人事をすることができます。『三国志』の英雄たちの中で、圧倒的なカリスマ性を備えた魅力があるトップは、曹操と劉備の二人だけでしょう。

劉備は中山靖王劉勝の子孫を自称していただけあり、劉姓の名士に対しては一目も二目も置いています。荊州の劉表、益州の劉璋は正真正銘の皇族の子孫でしたが、劉備が長年にわたって幕僚に加えたかった劉巴は、皇族にどのくらい近くに連なるかは不明ですが、祖父も父も後漢で太守（地方長官）を務め、当時は名士として尊敬されていた人物です。

荊州零陵郡烝陽県（湖南省邵東市）出身の劉巴は、荊州牧の劉表に招かれても出仕せず、２０８年に荊州が曹操に占領された後、曹操の掾（副官）に取り立てられます。曹操から荊州南部の慰撫に派遣されますが、**「赤壁の戦い」**後に劉備が荊州南部を占領すると、劉備に従

漢文 如孤、可任用之、非孤者難独任也。

うのを嫌った劉巴は、交州（ベトナム北部）まで逃れます。しかしながら太守の士燮とケンカした為、益州へ移って劉璋に仕えます。そこで劉巴は黄権と共に劉璋に対して、

「劉備は英雄です。招けば必ず害となるでしょう」

と劉備の招聘に反対しています。

劉備が益州を征服すると、劉巴は過去の非礼を劉備に詫びて隠遁しますが、劉巴の有能さを荊州時代から知る諸葛亮が改めて劉備に推挙します。法正が亡くなった後に尚書令（行政長官）となり、諸葛亮や法正らと共に「蜀科」という法律を定めています。劉備が皇帝に即位しようとした時には、やはり劉巴は時期尚早と遠慮なく反対しています。

劉備が良かれとして行おうとすること全てに反対する劉巴に対して、劉備は堪忍袋の緒が切れそうにもなりますが、ずば抜けた劉巴の才能を惜しみ、本項フレーズで自分だから劉巴を使えるのだと負け惜しみに聞こえるようなことを言っています。また諸葛亮も、

「陣中で策を練ることについては、劉巴には及ばない」と高く評価しています。

この時代の名士の気質を窺える逸話として、張飛が劉巴の邸宅に泊まった時の話があります。劉巴は張飛をバカにして全く口を利かず、張飛が激怒して諸葛亮にその無礼を訴えた時、諸葛亮が劉巴に対して同じ組織のメンバーとしての配慮の要請をすると、

「士大夫として天下の英雄と交際を望むものの、成り上がりの武人と語り合う必要はない」

劉巴はにべもなく断固拒否しました。２２２年に劉巴は惜しくも早世しました。

英訳 A man who is similar to me should be employed; otherwise he cannot be entrusted with carrying out his duty independently.

無理強いするのではなく気付かせる

91

用兵之道、心攻を上と為し、城攻を下と為す。

人事マネジメントの基本は、メンバーの心に訴えるべきであり、叱ってはいけない。

【蜀書・馬謖伝】

225年、益州の西南の建寧郡（雲南省昭通市）で孟獲らが反乱を起こした時、その征伐に諸葛亮が赴くにあたり、諸葛亮の一番弟子とも言うべき幕僚の馬謖が本項フレーズで、「武力に頼らずに反乱者を手懐けましょう」と進言します。

戦だけでなくビジネスにおいても、敵対する相手をコテンパンにやっつけて殲滅することができれば、何の問題もありませんが、敵を力で排除するには多大なエネルギーと金銭的負担を伴います。また叱り付けて相手の面子を潰すようなことは、後々まで恨みが残ります。

むしろ相手の力をうまく利用することができれば、最小限のコストで最大の結果を手にすることができます。また相手がどんなに強大であって自分が弱小であっても、相手をうまくコントロールすることによって、極めて楽に問題が解決することができます。それは、相手を力で捻じ伏せるのではなく、「心を攻める」ことで実現します。

「心を攻める」とは、相手にやましさや憐憫の情を抱かせて戦意を失わせ、心服させて味方

漢文 用兵之道、攻心為上、攻城為下。

に引き込むという意味もあります。また相手の心をうまく誘導して、自分側の目的を達成することにあります。力を使わないということは、即ち知恵を使うということです。

「心を攻める」という手法を一発で理解するには、「孟母断機（もうぼだんき）」の故事を思い出すと良いでしょう。孔子に次いで思想家として名高い孟子（もうし）の母は、幼い息子の教育環境を整える為に、三度も引越しをした教育ママで知られています。

ある時、学業を中断して実家に帰って来た息子を迎えた母は、ガミガミとしかるのでなく、悲しい顔をしておもむろに、母子家庭の糧を支える内職作業の布づくりの機織り中の糸をブチっと切って見せて、「お前のしたことはこれと同じだ」と告げます。ハッとした孟子は改心して、再び学業に専念して大成しました。

一方的に命令するのでも、小言を言い続けるのでもなく、相手に気付かせるということは、組織における人財育成における極めて効果的な手法の一つです。

最近では同じ会社に定年まで居続けることや同じ仕事に生涯従事することが、発展的でなく自己啓発が足りないと見做されるようになりましたが、一人の人間があれやこれや手を出して成功することは極めて限られています。

続けるからこそ身に付くこと、閃きや悟りがあること、そして実はやり甲斐や達成感を得ることができる最短の方法であると、継続的に根気よく伝えることが、現代のリーダーたる者の責務になりつつあるのではないでしょうか。

英訳 It is a good basic human resources management to appeal to a person's heart, and it is a bad basic method to scold them.

トップではなく組織に尽くす覚悟

92 十全にして必ず克ちて虞いなからん。

何の心配もせずに確実に勝つことができるであろう。

【蜀書・魏延伝】

228年、諸葛亮の第一次北伐の際、魏延は5000の精兵を別働隊として、秦嶺山脈を険しい子午谷ルートで越えて、十日のうちに長安に至って奇襲するという策を提案します。

――此県危。（これは危険だ）。

諸葛亮はそう断じて「平坦な道を行けば安全で、隴右を平定できる」として、本項フレーズを述べて魏延の策を直ちに退けます。奇襲に成功しても補給を考えれば長安を占領できないのは明白でしたので、諸葛亮は涼州をまず獲得して、蜀の領土拡大を目指していました。「北伐」が失敗に終わった時、魏延は諸葛亮を「臆病」と批判します。現代の中国や日本の三国志ファンの中にも、この時に乾坤一擲の賭けに出る一手を打つべきであったのではないかと魏延に同調する人が多くいます。

しかしながら、子午谷ルートが厳しかったのは、1936年に国民革命軍の王燿武将軍が、西安で張学良に拘禁された蒋介石を救出するべく子午谷を越えて西安に向かった時、険しい道のりと水源の確保ができなかった為に進軍に難儀し、十日余りで西安事件は解決してし

漢文 十全必克而無虞。

まったので、間に合わなかったことを見れば納得するはずです。１８００年前の装備の魏延軍が十日で長安に至ることは極めて難しく、仮に到達しても疲労困憊の将兵では、夏侯楙が籠る長安を攻略はできず、魏の反撃を受けて魏延軍は壊滅してしまったでしょう。

魏延は荊州義陽郡（河南省南部）の生まれで、劉備の入蜀に従って下士官から叩き上げて将軍にまで出世します。劉備が２１９年に漢中王に即位した際、魏との最前線となる漢中太守に古参の張飛でなく、新参の魏延が抜擢されます。魏延は無鉄砲な武辺者と誤解されがちですが、それから15年にわたって漢中を見事にマネジメントして手腕を発揮しています。

劉備の没後、魏延は諸葛亮の推挙によって征西大将軍に任ぜられていますので、諸葛亮も魏延の実力を認めていたはずですが、叩き上げでプライドも高く、トップ個人に心酔して力を発揮するタイプの魏延は、流石の諸葛亮も使いこなすことが難しかったのでしょう。

自分を認めて抜擢してくれたトップがいなくなった時、組織の為に尽くして生きると割り切って、自分を切り替えることは大切です。実際に劉備に抜擢された諸葛亮は見事に自分を切り替えて組織に最期まで尽くしていますが、武骨な魏延にはうまくできませんでした。

鼻っ柱の強い魏延は、日頃から同僚の将軍や文官たちとの折り合いが悪かったそうです。「仕事を取って来る者の苦労が分からんのか」という感じで、実力派の専務・営業本部長が管理部門に怒鳴り込むように、魏延は楊儀らの文官たちにいつも当たり散らしていたのでしょう。諸葛亮の陣没後、魏延は組織の同僚である馬岱によって粛清されてしまいました。

英訳 You can certainly win without worrying about anything.

93

夫れ王業を立つる者は、用うる所一に非ず。【蜀書・費詩伝】

昔から大業を成し遂げるトップは、決まりきった人事はしないものです。

費詩は益州犍為郡南安県（四川省楽山市）の人で、劉璋に仕えて綿竹県令（四川省綿竹市）の任にある時に、侵攻して来た劉備に降伏し、率先して従いました。

２１９年に劉備が漢中王に即位した時、これまでの功臣たちに官職が授けられます。この時に関羽が、張飛、馬超、黄忠、趙雲と並んで「**五虎大将**」として前将軍（前軍の司令官、元将軍の意味ではない）に任ぜられ、荊州にいる関羽に知らせる使者に、費詩が選ばれます。

関羽は義弟の張飛、昔からの仲間の趙雲、新参者でも曹操と争った諸侯の一人であった馬超は別として、黄忠のジジイが後将軍として同列になるとは片腹痛いとあからさまに不快感を示して、任官を拒否しようとします。そこで費詩は、本項フレーズで説得しました。

「漢の高祖劉邦が、蕭何や曹参といった古参を差し置いて、韓信を大将軍に任じた時、劉邦へ不満を述べた者はいませんでした。漢中王劉備と関羽将軍は一心同体ではないのですか。大業を成すトップが使う人は、貴公一人だけではありません」

と前置きをしてから、

漢文 夫立王業者、所用非一。

――不宣計官号之高下、爵禄之多少為意也。（官号の高下、爵禄の多少を計りて意となすは宣からず）。

関羽将軍ともあろう方が、官位の上下や俸禄の多少に拘るのは如何なものかと諭します。関羽は費詩の言葉に感じ入って、前将軍の印綬を拝受しました。使者としての費詩の勇気と才覚は立派なものです。

関羽のように人事処遇に不満な実力者は、組織の中には必ずいるもので、満足させる処遇を与え続ければ、いずれは下克上を招くことにもなります。得心させて尚且つ組織へ忠誠を持たせることは至難の業ですが、費詩は関羽の虚栄心を見事にくすぐることに成功しています。

戦略的なおべんちゃら、ごますりのテクニックを駆使することで、損をすることなど何もありません。承認欲求を満たすだけで円滑にマネジメントできるならば、実に安いものです。組織で働く時に、承認欲求を求めたがる面倒な人間にはならないように心掛けることは、リーダーたる者としては大切です。

現代の企業において、実力ある役員、重要な取引先の幹部や発注先の経営者、有力株主、顧客たちとの折衝は、面倒でややこしいことが生じやすいものです。ましてや協力会社に対しての値下げや発注停止、顧客に対しては値上げや納入延期などの交渉となると極めて困難が伴いますが、費詩のように堂々と直球勝負で臨むのが一番の解決法です。

英訳 Since the old days, the effective leaders accomplished big businesses have achieved their success based on multiple strategies.

94

トップとメンバーの明確な役割

一国には二君を容れず。

【蜀書・黄権伝】

一つの組織に二人のトップは必要ありません。

リーダーシップは組織のトップや幹部が発揮するべきという錯覚がありますが、実は組織の如何なる場所においても、直面する環境や状況の変化に自発的に即応できるメンバーこそが発揮すべきものです。目標の為に、各メンバーが自発的に動けるのが最も強い組織です。

但し、組織を構成するメンバー全員に率先垂範力（リーダーシップ）があることは重要ですが、最終的な決定者、または最終的に結果責任をとるリーダー、即ちトップは一人でなくてはダメです。

二頭馬車が一頭馬車の二倍の力で爆走するように、ツートップ体制となれば、二倍のリーダーシップによって二倍の成果が出そうな気がしますが、一つの組織には、二人の同じタイプや役割を担うリーダーがいてはいけません。指図をする人が複数いれば、どっちの指示に従えば良いか、組織のメンバーは分からなくなるのは明らかです。

最終責任を取るトップが一人いて、その周りに様々な提言を行う幕僚（スタッフ）や現場のリーダーたちが、それぞれの役割を住み分けて機能すれば、強力な一つのトップチームをつくることができます。優れた幕僚（スタッフ）チームも一人の優秀なトップのもとでこそ、その各人の能力を最大化

漢文 一国不容二君。

して、大業を成すことができるのです。

益州の現状を憂い将来に不安を持つ張松や法正といった謀臣は、劉備を招き入れてその名声と実力を利用して益州を強固にする策を州牧の劉璋に提案します。父から世襲で地位を得た人の好い劉璋は、この妙案に乗ります。すると重臣の一人である黄権が進み出て、「劉備は仁徳と武勇で名高い人物ですので、待遇はどうするおつもりですか」と述べてから、本項フレーズで異を唱えます。続けて、

――若客有泰山之安、則主有累卵之危。（若し客、泰山の安きあらば、則ち主は累卵の危き有らん）。

賓客として劉備を厚遇すればトップが二人となり、その客に泰山のようにどっしりと居座られでもすれば、現在のトップである劉璋は卵を積み上げた上に座っているのと同じく、極めて危うい事態になると警告します、漢中の張魯の侵略に悩む劉璋は、眼前の問題を解決することが先決として、黄権の進言を退けた上に、更に黄権を左遷してしまいます。

黄権は益州巴西郡閬中県（四川省閬中市）の人で、２１４年に劉璋が成都を劉備に開城して降伏する最後の最後まで仕えた好漢で、かえって劉備に気に入られて偏将軍に任ぜられて重用されます。張魯の漢中を併合した曹操と劉備が漢中を巡って争奪戦を繰り広げた際、漢中を劉備の領土とすることに成功したのは、法正とこの黄権の大活躍のお陰です。

英訳 An organisation does not need two leaders.

信頼関係を保つことの難しさ

95 孤、黄権に負く。権、孤に負かざるなり。

【蜀書・黄権伝】

私が黄権を裏切ったのだ、黄権が私を裏切ったのではない。

味方を捨てて敵方に寝返ることは、古今東西において「裏切り」として最も怒りを掻き立てる行為です。約束、信義、期待に背くことは、如何なる文化においても、人間として最も恥ずかしいこととされています。

しかしながら、信頼できる人が常に信頼できるかどうかは、誰にも分かりません。状況やその時の感情によって、信頼の度合いというものは時々刻々と変化するものです。

相手を信用するかしないかは、相手の人柄を見るのではなく、相手を観察して動機を見ることが常に大切です。色々な欲望がせめぎ合う中、利益が出る方に人間は動くものです。

劉備は客観的に見れば、裏切り人生を送っています、兄貴分の公孫瓚から袁紹へ寝返り、左将軍に推挙してくれた曹操の暗殺に名を連ねて出奔し、苦境を救ってくれた孫権や周瑜に反旗を翻し、挙句には自分の力を認めて招聘してくれた劉璋から益州を奪いました。

自分の経験から劉備は、自らが裏切られた時に、その相手の理由を瞬時に察知しています。裏切りにも理由があり、特に優れた人物を裏切りに追い込むのは、裏切られる相手に問題が

漢文 孤負黄権、権不負孤也。

あるのだと、劉備は正直に心中を吐露しています。

「あいつに裏切られた」とトップでも安易に口にすることがありますが、人を裏切るのが悪いのではなく、如何なる理由があれ、裏切られる方が悪いとリーダーたる者は思うべきです。

222年の**「夷陵の戦い」**の際、魏との国境を守っていた黄権は、呉の陸遜によって退路を断たれて益州へ戻れなくなり魏に亡命します。その時に蜀では、裏切り者の家族は処刑せよという声が上がりますが、劉備が本項フレーズを述べて家族を保護させました。

一方、「陳平や韓信が劉邦に寝返った故事を真似たのか」と文帝曹丕に嫌味っぽく問われ、

――敗軍之将、免死為幸。何古人之可慕也。（敗軍の将は、死を免るるを幸と為す。何ぞ古人を之慕うべけんや）。

「単に死にたくなかったので降伏しただけです」と黄権は顔色変えずに答え、その謙虚な人柄で、文帝曹丕に気に入られます。また、猜疑心の強い司馬懿からも高い評価を得ます。

「君のような人物は蜀には何人もいないだろう」と司馬懿に問われた時、自分程度の人間はたくさんおり、高い評価を頂戴していると黄権は惚けています。

後に魏に降伏した蜀の人間から、黄権の家族が処刑されたという話を聞いた時、黄権は劉備と諸葛亮とは心が通じているので、ガセネタは決して信じないと言って退けたそうです。

黄権のように思慮深く実力があり泰然自若の人物は、まさにリーダーたる者の鑑です。

英訳 I betrayed Huang Quan, but he did not betray me.

96

組織の多様性を担保する

人心同じからざるは、各々其の面の如し。【蜀書・蔣琬伝】

人の心というのは、顔が違っているように、皆、誰も違っているものだ。

諸葛亮の亡き後に蜀を支えた蔣琬は、華やかな事績や逸話が残されていませんが、淡々と着実に仕事をこなす実力を備えて組織を支えた「いぶし銀」のようなリーダーたる者です。

諸葛亮が没しても蜀漢は直ちに滅亡することがなかったのは、偏に蔣琬の現実的な政治手腕によるものです。つまり蔣琬は、「カリスマのあるリーダー」の後を見事に継いで、組織を延命させた「カリスマのないリーダー」の見本であるということです。

しかしながら、蔣琬がただの凡人で鈍らであった訳ではありません。荊州零陵郡（湖南省永州市）出身の蔣琬は、20歳の時に荊州時代の劉備に出仕します。劉備の入蜀後には、広都県の県長に任ぜられます。たまたま劉備が視察に訪れた時、蔣琬は仕事をほったらかしにして大酒を飲んでいたそうです。激怒した劉備が厳罰に処そうとした時に諸葛亮は、

――**蔣琬、社稷之器。**

「蔣琬は国家を背負って立つ人財です」と許しを求めたので、県長を罷免されただけで済みました。自分の能力に相応しくない仕事をサボタージュするところは、龐統に似ています。

漢文 人心不同、各如其面。

２２３年、諸葛亮が自らの政庁、即ち「幕府」を開くことを許されると、蒋琬を幕僚(スタッフ)に任じます。諸葛亮の裏方仕事を一手に引き受け、諸葛亮が北伐に赴いた際には、兵糧の供給をしっかりと支えます。「ワシと共に大業(ビッグビジネス)を支える人財である」と絶賛され、万が一の時には蒋琬を後任に起用下さいと皇帝劉禅に内々に上奏している程の信頼を受けます。

２３４年に諸葛亮が亡くなると、遺言に従って劉禅は蒋琬を尚書令・益州刺史・大将軍・安陽亭侯に任じて蜀漢の最高位の文官に抜擢し、蜀のマネジメントを全て委任します。蒋琬はこの大抜擢に対して、浮かれたり喜んだりするような感情を全く顕わにすることなく、態度も昔のままであったことから、次第に周りの人々も心服するようになったそうです。

ある時、蒋琬が楊戯(ようぎ)という文官の一人に質問を投げ掛けた時、楊戯が蒋琬の言葉を聞こえないふりをしてスルーしたので、楊戯のことを日頃から好かない者が、蒋琬に対して無礼を働いたと非難します。すると蒋琬は本項フレーズを述べて、

「面従腹背は当然のこと。もしワシの意見に賛同すれば彼の本心とは違い、ワシの意見に反対すればワシの面子が潰れる。無視して沈黙したのは、彼なりの爽やかな態度だ」

と讒言を相手にしなかったそうです。度量のあるトップです。リーダーたる者のあるべき態度としての蒋琬の器の大きさを見れば、たとえ他を圧する名声がなくとも、大組織を地道に支えることができるマネジメントのコツを学ぶことができそうです。

英訳 All people's hearts are different and so their faces.

97 事、理むべからずんば、則ち憒憒たり。【蜀書・蔣琬伝】

物事が片付いていないので、つまり愚図だということであろう。

諸葛亮の遺命で後継者に指名された蔣琬の手腕に、期待する人たちもいました。しかしながら、その一方で蔣琬へのプレッシャーは大きく、その任の重さに同情の念を禁じ得ない者も多くいたのでしょう。ある程度の時間が経った頃、蔣琬の地道な仕事ぶりを見て、

「よく切り盛りしている」

そう評価する人がいる一方、何の成果も出していないと貶す人も少なからずいました。そのうちの一人の楊敏という者が、

「何事にも右往左往して、愚図だ。全く前任者に及ばない」

とあからさまに蔣琬を批判しました。その僭越な言動を聞きつけた蔣琬の側近が、楊敏を捕らえて取り調べを行いたいと蔣琬に申し出ます。すると蔣琬は何事もなかったかのように、

「ワシは確かに前任者に及ばない。取り調べの必要はない」

と歯牙にもかけませんでした。すると蔣琬の側近は、畳みかけます。

「それでは、愚図とは何のことか問い質してやりましょう」

漢文 事不当理、則憒憒矣。

そこで蒋琬は本項フレーズで、側近を宥(なだ)めるように応じました。

後に、楊敏が逮捕されることがあった際、批判に対して我慢して来た蒋琬が、ここぞとばかりに楊敏を死刑にするのではないかと、皆が固唾(かたず)を飲みましたが、蒋琬は個人的な感情に流されずに淡々と法に従って量刑を処したそうです。

蒋琬のような地道な仕事ぶりを評価することができず、後輩や若輩、新参者や新人に対して、常に物足りないと言ってバカにしたり、コケにしたりする人は、現代日本の組織においても存在します。たいていは人物眼の無い者やコンプレックスの塊のような人に限って、こういった評価や言動をするものです。

企業で言えばカリスマのある創業者、天才的な閃きを持つ経営者などの後継者は大変です。天才とは稀に生まれることによって、他との差異が浮き彫りにすることができ、その能力を発揮させる存在です。天才が続々と溢れるようなことでは、その希少性も薄れますが、世界史を俯瞰(ふかん)しても天才が群れを成すように生まれることなどは、滅多にあり得ないことです。

英雄の待望、魔法使いの出現を声高に叫んで、天才や強力な指導者の後継体制にケチをつけて邪魔をする人間、それも発言力のある輩はいつの時代にもどこにも存在します。

「どんなに偉くなっても、あんな人間にはなりたくない」と思う時、いつも蒋琬の泰然とした態度を思い出さずにはいられません。沈黙を知る者こそ、真のリーダーたる者でしょう。

英訳 I may be a slowcoach if things are not put in order.

▲馬超の墓（陝西省漢中市）

▲張飛廟（重慶市）

▲蒋琬の墓（四川省綿陽市）

▲蒋琬の像（四川省綿陽市）

▲費禕の墓（四川省広元市）

▲費禕の像（四川省広元市）

▲姜維の故里碑（甘粛省天水市）

▲街亭の古戦場（甘粛省天水市）

ワークとライフを両立する

98 毎(つね)に人(ひと)の歓(かん)を尽(つ)くし、事(こと)亦(ま)た廃(はい)せず。

いつも人生を楽しむことはかかさず、またマネジメントを疎かにすることはなかった。

【蜀書・費禕伝注】

費禕(ひい)が現代の日本で仕事に携わっていたとしたら、さぞかし経営陣から重宝されたでしょう。また、職場の同僚や若手からも、費禕は大いに人気があったはずです。本項フレーズにある通り、費禕はプライベート第一主義で、その為にやるべき仕事をきっちりとやって、結果を出すことができるタイプの組織人(メンバー)であるからです。

仕事中毒であった諸葛亮は、史書を紐解いてみても大酒を食らったとか、冗談を言って大笑いしたとかの記述は全くありません。自分とは気質が全く違う費禕について、その能力を諸葛亮は正当に評価し、自分の亡き後は蔣琬、その後は費禕と指名しています。

費禕は仕事を極めて迅速に処理する能力があり、内政から外政まで全ての業務について理解力が高く、報告書などはしばらく眺めただけで、内容をしっかりと把握することができたそうです。つまり、普通の人の何倍もの仕事ができる人財でした。

博打や囲碁をはじめとしてありとあらゆる娯楽を極めながらも、費禕の仕事に手抜きはなかったそうです。費禕の親友で良きライバルでもあった董允(とういん)は、費禕が務めた尚書令(しょうしょれい)の後任

漢文 毎尽人之歓、事亦不廃。

に選ばれてから、自分も費禕のやり方を真似したところ、十日も経たないうちに処理することができない程に、決裁書類が山積みされてしまったそうで、溜息をつきながら董允は、

――人才力相県若此甚遠。（人の才力相い県たること此の若く甚だ遠し）。

「人間の才能・力量がこんなに離れているとは思いもしなかった」と費禕を評価しました。

31億塩基対のDNAによって構成される人間のゲノム、即ち遺伝情報は、99・9%は誰でも同じで、僅か0・1%の違いしかないそうです。自分と他人を分ける能力差などは、DNAからすればあってもない程の誤差レベルの違いでしかありませんが、育った環境や条件、そして本人の努力と鍛錬によって大きな差が生じるのでしょう。

凡人は凡人なりのやり方で地道にやれば良いものですが、董允も決して凡人ではありませんでした。彼の地道な仕事のやり方は後世からも評価され、諸葛亮、蔣琬、費禕と共に蜀の四名臣の一人として名を連ねています。董允の父親である董和は、許靖の葬儀の際にボロい馬車に恥じて乗り込むことを躊躇する息子に構わず、堂々と古い馬車に乗り込む費禕の姿を遠目に見て、費禕が自分の息子より遥かに有能な人財であることを見抜いています。

費禕は肝が据わっていて、淡々としてポーカーフェイスができる人物だったようです。古代でも現代でも中国においては、感情を表に出さないということは大人、即ち冷静で優れたリーダーたる者の条件の一つとなっています。

英訳 He should not neglect managing organisation, while spending all of his time enjoying life.

組織の守りを最優先にする

99 其の功業の如きは、以て能者を俟たん。【蜀書・姜維伝注】

そのような大規模なプロジェクトは、優れた人財が現れるまで待つべきだ。

蜀漢の丞相である諸葛亮の後継者だと自認していたのは、武官の魏延と文官の楊儀で、この二人は極めて仲がよくありませんでした。諸葛亮が健在の時から魏延と楊儀が口論になる時は、いつも文字通り間に入ってその場を収めたのが費禕で、気質の違うそれぞれの部門のリーダーの調整役を担いました。

古今東西どこの組織にも、魏延や楊儀、そして費禕の役回りを演じる人がいるものです。

この三人は共に荊州の出身で劉備に従って入蜀しましたので、蜀という異郷の地にいれば同郷人として結束しそうなものですが、諸葛亮が亡くなると楊儀は、馬岱に魏延を討たせます。しかしながら、諸葛亮の幕僚チームのトップだった楊儀は、格下の蒋琬が抜擢されると、

「五丈原で魏に降っておけば、こんなに落ちぶれなかったろうに」

と後悔の言葉を口にするようになり、見かねた費禕が劉禅に報告し、怒った劉禅は楊儀を庶人に落とすと、楊儀は自らを恥じて自殺してしまいました。

諸葛亮の亡き後の蜀の為に、費禕は蒋琬を支えます。やがて病に伏した蒋琬の後継者とし

漢文 如其功業、以俟能者。

て、費禕が尚書令・大将軍となります。更に蒋琬が亡くなった後は、成都から離れて魏との国境に近い漢中に費禕は駐在して、敵と対峙する最前線で蜀漢の国政と軍事を担います。

魏の曹真が大軍を率いて漢中に侵攻して来た際、陣中に来敏という同郷の仲間が訪ねて来て、費禕に囲碁を打とうと誘います。囲碁好きの費禕は「待ってました」とばかりにいつものように碁盤に集中して打ち始めますが、戦に臨む張り詰めた空気に来敏が堪え切れず、「卿を試すつもりで囲碁に誘ったが、卿は本当に出来人だ。必ず敵を倒そう」と普段と同じく淡々と打つ費禕を激励します。費禕は期待通りに、魏軍を撃退しました。

大将軍の任を担った費禕に次ぐ地位を与えられていたのが姜維で、豪胆な費禕と協力して蜀漢をうまく切り盛りします。姜維の実力を認めながらも費禕は、姜維が「北伐」に逸る中、本項フレーズで宥めました。

あの諸葛亮でさえ成し遂げることができなかった「北伐」などは、非力な自分たちではとても無理なので、大規模プロジェクトはそれに相応しい有能な人財が現れるまで待つべきであり、組織の存続を考えて次世代に引き継ぐのが自分たちの仕事ではないかと諭します。

「守勢」のリーダーとは、まさに費禕を見本とするべきでしょう。

費禕は惜しまれることに、253年に宴会で泥酔している時、魏からの亡命者に刺殺されてしまいます。そして姜維が遂に大将軍として、蜀漢の全権を握ることになります。

英訳 You should wait for the right person instead of working hard to achieve greatness.

身命を賭して仕事に取り組め

100 死の難に非ざれど、死に赴くの難なり。

【蜀書・姜維伝注】

死ぬことが難しいのではない。死に方が難しいのである。

263年、魏の相国（宰相）司馬昭の命を受けた鍾会と鄧艾が、蜀の征討に赴きます。漢中と成都の間の要衝である剣閣を姜維は、鍾会率いる魏軍の猛攻撃から守り抜きます。しかしながら、迂回路で成都へ向かった鄧艾が、綿竹（四川省綿竹市）で諸葛瞻（諸葛亮の長男、妻は劉禅の娘）を破って、成都を包囲して劉禅を降します。劉禅から魏軍に降るよう命令を受けた姜維は、怒りと共に岩を刀で叩き割って、将兵と涙を流しながら降伏しました。姜維は国に殉ずる機会を逃し、武人としての「有終の美」を飾ることができませんでした。

日本の平安時代末期、木曾義仲の右腕にして竹馬の友であった今井兼平は、源義経の率いる鎌倉勢に追い詰められた近江国粟津（滋賀県大津市）で、義仲に対して、

――兵の剛なると申すは、最後の死を申すなり。

と潔い最後こそ武人たる者の最高の誉れと告げています。義仲が討たれた後に主君を追って、兼平は馬上から剣を咥えて飛び降り、見事に自決しています。まさに武人の鑑です。

魏の鍾会は、名高い敵将の姜維を賓客の礼で迎えて厚遇します。魏軍に加えて姜維の精兵

漢文 非死之難、赴死之難也。

を指揮下に収めた鍾会は大軍を擁し、蜀で独立しようと試みます。しかしながら魏の将兵たちは望郷の念が強く、鍾会の野心を知ると反乱を起こし、鍾会と共に姜維も殺害されてしまいました。姜維は63歳でした。

姜維は優れた武人の産地である涼州天水郡（甘粛省天水市）の出身で、地元で魏の役人となります。228年の諸葛亮の「北伐」に際して蜀に帰順し、その能力を高く買った諸葛亮は、姜維を将軍に任じました。姜維は諸葛亮の期待に応えて研鑽し、費禕の死後の256年には蜀の大将軍に任ぜられます。諸葛亮の遺志を継いで「北伐」を行う姜維は、魏からの降将ということで、常に裏切りを警戒され、なかなか活躍することができませんでした。

姜維については同情する余地は確かにありますが、武人として死に場所を得られなかったと指弾されても弁明の余地はありません。後世の人間からすれば、本項フレーズで姜維を批判することは容易ですが、現代の日本に生きる私たちも、果たして自らの出処進退について徹底的に覚悟して日々を生きているでしょうか。

リーダーたる者はマネジメント力を磨くと共に、命は永遠に存在するものでないことを弁え、謙虚に「有終の美」を飾ることを心掛け、「死生観」を持って仕事に取り組む覚悟が何よりも必要ではないでしょうか。リーダーたる者には、**「終わり善ければ全て善し」**の一言が、その生きた証の全てとなるからです。

英訳 It is not difficult to die but the way to die is difficult.

コラム　三国志余聞⑭

山陽公劉協と安楽公劉禅

亡国の君主は一族と共に処刑され、根絶やしにされることが普通であった。新しい政権にとって、それまでの政権を担ってきた者たちが、旧主を担いで反撃してくることを防ぐ為だ。

しかしながら、圧倒的な力によって滅ぼされた国の場合、勝者はその寛大な態度を示す為に敗者を助命することもあった。『三国志』にかかわる時代において、後漢の献帝劉協と蜀漢の後主劉禅は、皇帝の位を追われながらも助命されて天寿を全うしている。

後漢の献帝は、即位してから31年目に、宮廷における最大の実力者である魏王曹丕に、血縁に拠らず優れた人物に政治上の権力を譲るという古代の慣習である「禅譲」という形で国を譲った。形の上では「禅譲」だが、曹丕とそれを支持する朝臣の圧力に屈したというのが実情である。これにより、１８０年近くに及ぶ後漢が滅亡し、魏が建国された。献帝はそれまでの皇帝としての称号や礼遇を保持することを認められた上で、洛陽から近い山陽県（現・河南省焦作市山陽区）に領地を与えられて山陽公となった。

献帝は8歳で董卓に皇帝として擁立されて以来、辛酸を舐めながら成長し、曹操の庇護のもとでは、いつ殺されてもおかしくない緊張した毎日を長年にわたって送った挙句に遂に曹丕によって皇帝位を奪われたのである。隠遁した山陽の地で劉協は地元の人々に同情されると共に敬われ、十数年を過ごした後に54歳で亡くなった。その前に曹操によって殺害された皇后伏氏と並んで道教の神として祭られ、今日に至るまで立派な陵墓と祠が残されている。

蜀漢の劉禅は英雄・劉備の息子であるにもかかわらず、国を保ち得なかった暗君の見本として今日まで知られている。17歳で皇帝となっ劉禅は40数年にわたってその地位にあり、魏の侵

▲後漢の献帝陵（河南省修武県）

▲後漢の献帝の像（河南省修武県）

攻を受けて亡国の憂き目に遭った。幽州安楽県（現・北京市順義区）に捨扶持を与えられて8年後に65歳で亡くなり、その子孫は魏の後継政権である西晋が滅ぶまで存続した。

劉禅の暗愚ぶりを示す逸話は幾つも伝えられているが、果たしてそれ程までに愚かであったのかは疑問だ。父の遺命をよく守って諸葛亮を信頼し、12年に及んで全権を最後まで委任していること、また諸葛亮の死後に讒言する者を直ちに処刑したりしていることから、全く無能なトップとも思えない。『三国志』の撰者・陳寿は、次のように劉禅を評している。

――白い糸は染められるままに何色にも変ずる。

諸葛亮の指名した蒋琬、費禕に引き続き全権を任せたが、その任に耐え得る後継者が枯渇した為に蜀の政治は乱れてしまった。有能な人財が劉禅の周囲に溢れていれば、優れた色に染められた劉禅は名臣を信任し続けた名君として後々まで讃えられたかも知れない。恐らく人を疑わない素直な人物であったに違いない。劉禅の墓は洛陽市郊外に文化大革命の頃まで残されていたが、祠は破壊されて墳墓は更地とされ、現在ではその面影すらも残していない。

▲劉禅の像（重慶市白帝城内）

▲劉禅の墓跡（河南省孟津県）

おわりに

人が積み重ねて織りなす歴史には、時代や国を超えて、誰にとっても生き方を学ぶヒントが凝縮されています。

中学生の時に「歴史なんか勉強しても、全く何の役にも立たない」と吐き捨てた同級生が、今頃どうしているのだろうかと思い出すことがあります。

確かに歴史好きだからと言って、50歳を越えて半ばの現在、大いに役立てて立身している訳でもないので、他人様を笑っている場合でもありませんが、「歴史を鑑とする」ことは、謙虚に先人たちの生き様に学び、内省して自分自身の糧として精神の成長を目指すことができるという信念は些かも揺るいでいません。

中国の歴史書は、人間の様々な価値観や生き様の記録でもあります。

中でも『三国志』やそれを基にした大衆小説である『三国志演義』には、現代と何一つ変わらない人間の葛藤や苦悩の跡、智謀と計略の衝突、危機に際しての行動や決断、悲運や幸運の分水嶺など、リーダーシップやマネジメントの知恵や多彩な価値観が散りばめられています。謂わばケース・スタディの宝庫である『三国志』は、そういった意味において多くの歴史書や歴史小説の中でも抜群に面白く、学ぶことが多く、現代においても大いに人気がある所以でしょう。

人生を「旅」とたとえることがありますが、人生はまた生きる為の戦いの連続であるとも認識されています。ましてや現代ビジネスの世界においては、武器がなくとも知恵や策略を駆使して、生き残りをかけた競争であることは、誰も否定できないものでしょう。

人生において自らの方向を見失った時、行き詰まってしまった時、踊り場の最中にある時、歴史書には常にその答えが必ずあり、中でも『三国志』には、現代人でも頭の中で映像化して理解することができる逸話（エピソード）が、満載されているのではないでしょうか。

組織マネジメントを含め経営の要諦は修身にあることは、２０００年近くに及んで日本は中国から学びました。東アジアにおいてのマネジメントは伝統的に、その内容ではなく、リーダーには人格が問われるということを第一要件としています。つまりリーダーシップには、人徳や清廉さや品行が最も大切な事柄です。そして、その組織の中で有能な人財に力を発揮させ、力の劣る者も組織の中でそれなりに活かすことこそ、優れたリーダーの真骨頂です。

しかしながら現代において模範とされるのは、アメリカ的なリーダーシップであり、そこには人格者であることは第一条件ではなく、エネルギッシュな改革者であり組織を大胆に運営して勝利を手中に収めることができる者、多くの富と利益を組織に属する人々と分かち合える者が、強いリーダーと見なされています。

どちらの方法が正しいのか、容易に決めることはできませんが、『三国志』の英雄たちから、様々なリーダーのあり方を私たちは学ぶことができます。

「『三国志』は曹操にはじまって孔明に終わる」という吉川英治の名言がありますが、勝てる組織をつくったリーダー、最後まで負けない組織をつくったリーダーなど、『三国志』から現代のリーダーが学ぶべきマネジメントのエッセンスは、この二人から教えられることが多くあります。

曹操は最も強いリーダーであり、その時代を切り開く力と発想には、古今東西の如何なる時代、如何なる場所においても通用するリーダーシップを備えています。諸葛亮は最も賢いリーダーであり、限りある人財と資源を最大限に用いて弱小集団を存続させるリーダーシップを持っています。

両者とも生き残る為に人生を戦い抜き、自らが率いる組織集団の為に一身を捧げています。組織マネジメントは人財の活用にあるとするならば、曹操と諸葛亮の気持ち、つまりトップとしての孤独、孤立感、危機感、苦悩などに対して、現代日本のトップの多くが共感されるのではないでしょうか。

トップの生き方や価値観は、その組織全体に大きな影響を及ぼすものです。トップのやり方が組織の活力や流儀の土台となり、それぞれの組織の特徴や性格を形づくることは言うまでもありません。それ故、リーダーたる者が組織のトップとならなくてはなりません。

人間なら誰もが持つ弱点や短所を備えたリーダーも、『三国志』には多く描かれています。敗者や敗死した者が、ダメなリーダーであるとも一概には言えない魅力があり、そこからも私たちは多くを学ぶことができます。

『三国志』の撰者である陳寿は、蜀漢と晋に仕えました。

——短を以て敗を取るは、理数の常なり。

「短所が原因で身を亡ぼすのは世の常であり、仕方ないことである」と陳寿が、関羽と張飛について述べた言葉があります。二人とも劉備と義兄弟の契りを結んだ同志であり、共に『一人で一万人の兵力に値する』と称賛された豪傑であることは誰もが知っています。関羽はその自尊心の強さから傲慢になって、計略にかかって命を落とし、張飛は性格の粗暴さから部下に裏切られ、命を落としました。人格的欠点が致命的になるということを陳寿の言葉が示しています。

現代に生きる私たちも、自らの短所や弱さを理解した上で、それが悪い方へ作用しないようにしないといけないという戒めです。これが容易にできれば組織のマネジメントや人生のマネジメントにおいても困難に直面することなく苦労もないでしょうが、あまりに味気の無い人生に生き甲斐を感じることができるかと問われれば、頷き難いものがあります。『三国志』の中に自らの人生の苦難を重ね、リーダーたる者のヒントを得るきっかけに本書がなることを願って止みません。

組織におけるリーダーシップの要件には、**「先見の明」「信賞必罰」「適材適所」**が極めて重要であることに異論を挟む人はいないでしょう。大業を成し遂げるには、時代の先を冷静に見据えて見通せる力が何よりも必要です。つまり、組織というヒトの集団を最終目的地へ導く、成功へ導く為には、正しい方向を指し示して組織全体を最適にコントロールすることができる能力が、リーダーたる者には最も必要であるからです。

そして複数の意志ある人間をまとめて、その全員の力を結集して大きな力を発揮させる為には、人間個人一人ひとりの特性や能力にぴったりのポジションに就け、**「信賞必罰」**を厳格に励行するというのが人事マネジメントの要諦です。つまり、自分の好き嫌いや私利私欲を排除して、組織の力を最大限に発揮させる人事を行えるかどうかということです。それこそが、リーダーたる者が何よりも備えなくてはならない資質であると確信することから、**「先見の明」「信賞必罰」「適材適所」**を本書では太字で敢えて表記しています。

またこれに加えて本書内の表記方法について、少し補足をしておきたく存じます。漢字で記した単語にカタカナで、敢えてフリガナを振ってあるものが複数あります。**幕僚**（スタッフ）、**参謀役**（アドバイザー）、**補佐役**（パートナー）、**大義名分**（スローガン）、**大業**（ビッグビジネス）など、これらは表意文字の漢字の特性を活かしながら、英単語で包含されているニュアンスを漢字単語に注入することができるではないかという試みです。煩わしいとお感じの読者の方もいらっしゃるかとも存じますが、ご容赦を願います。

本書では原則として、曹操や諸葛亮と**【姓＋名】**のみで表記を統一しています。曹孟徳や諸葛孔明と**【姓＋字】**での表記はしていません。ご承知の方も多くいらっしゃるでしょうが、曹操孟徳や諸葛亮孔明といった**【姓＋名＋字】**の表記は、日本でしか馴染んでいない誤用であることから、本書では採用していません。

日本人からすると中国人名は短く、安定性が欠けるように感じるのか、誤った用法が日常化してしまいました。曹操や劉備などの歴史上の人物は全て、**【姓＋名＋字】**で自身を名乗ったり、署名をしたりしたことはありません。明智十兵衛光秀や木下藤吉郎秀吉のような呼び方に慣れてしまっていると、ついつい勘違いしてしまうところです。些細なことでありますが、付記しておきたく存じます。

また荊州牧、益州牧のふりがなに、「けいしゅうのぼく」または「えきしゅうのぼく」と地名と官職名の間に「の」と入れてあります。これは上総介、河内守を「かずさすけ」「かわちかみ」と呼ばず、地名と官職名の間に「の」を入れている用法に従った次第です。

さて、尊敬する竹内良雄先生に、今回もご無理を申し上げました。心よりの感謝を申し上げます。ご無理を申し上げて、本書で4冊目となりました。『三国志』についての素晴らしい巻頭解説は、その魅力を十分に知るに値することを雄弁に記して下さっています。

竹内先生の兄弟子ともいうべき立間祥介先生は『三国志』の大家として知られ、わたくしにとりましては竹内先生と並んで素晴らしい恩師であります。両先生と学生時代の仲間とキャンパスの内外や西安で過ごした30年以上前の時が、ついこの間のことに感じられます。

立間先生には、『三国志』についてのつまらぬ質問、まさに愚問をしつこく尋ねても、いつも丁寧に目を細めながら答えて下さいました。もっとお尋ねしておけばよかったと思うことが限りなくあります。立間先生との『三国志』についての雑談の中で思い出されることは数多くありますが、吉川英治でなく横山光輝の漫画で『三国志』に出会ったことに、一番驚かれていらっしゃいました。ゲームで『三国志』ファンとなった後輩たちに、わたくしが驚くのと同じかも知れませんが、形を変えながらも日本では、これからも『三国志』人気は絶えることがないのでしょう。

「五丈原の後は、悲しい話ばかりで、涙が出て書けなくなるんだよ」と立間先生が仰っていたことは、学生時代には分からないことでした。

「本当は『**平家物語**』をよく研究してから、『**三国志演義**』の翻訳をすればよかったなぁとこの歳になってつくづく思うよ」と仰っていたのは、鬼籍に入られる前年のことでした。

「君は誰が好きか？」と問われた時、

「諸葛孔明でしょうか、でも袁紹や馬超もいいですね」とお答えしたところ、

「恵まれた時代に育った世代だと、袁紹や馬超みたいな貴公子に親近感が湧くのかなぁ。僕はやはり曹操だ。曹操の真の魅力は大人にならないと分からんのだろうな」

と笑って仰っていました。また、

「諸葛孔明は『**三国志演義**』で鬼神の如くスーパースターになっているので、そこが勿体ないが孔明も良いなぁ。曹操が悪く劉備が良く書かれ過ぎているということが分かると、『**三国志**』の本当の良さが理解できるんだよ」

まさに先生のご指摘の通りと、先生の言葉を改めて噛み締めている次第です。

今回も１００項目の英文については、ニュージャージ州立大学歴史学教授の職にある召勤博士（Dr. Shao Qin, Professor of History at The College of New Jersey）に監修をお願い致しました。中国古典と歴史に精通した米国在住の中国人学者のお陰で、軽妙なる優れた翻訳となっています。尊敬する中国大姐の長年の交友に改めて深謝致す次第であります。

出版事情が極めて厳しい現状が続く中、引き続きご快諾下さった東洋経済新報社の寺田浩

氏、井坂康志氏の寛大なるご配慮があっての出版に対し、改めて感謝を申し上げると共に、多くの編集とデザインなどにかかわって下さった方々のお陰と厚く御礼を申し上げます。

本書に掲載している写真はほぼ自前のものですが、優れた「三国志史跡ガイド」である西安金橋国際旅行社の倪小軍氏のご協力なしに、撮影することはできませんでした。ここに心よりの感謝を申し上げます。『三国志』ファンが史跡を訪れる際、是非ともガイドを頼まれると素晴らしい『三国志』体験ができることを書き添えておきたく存じます（www.wagamamatabi.muragon.com 参照）。

最後になりましたが、兄事している文筆家の石山順也氏の卓越した朱筆なしに、今回も本書を完成させるには至りませんでした。改めて心より御礼申し上げます。

2020年11月

川﨑　享

参考文献

三國志	陳寿撰　裴松之注	中華書局	2006年
三国志	立間祥介	プレジデント社	1997年
三国志	丹羽隼兵	PHP研究所	1994年
三国志	渡邉義浩	中央公論社	2011年
三国志 全六巻	丸山松幸他	徳間書店	1979年
三国志 全八巻	吉川英治	講談社	1989年
三国志 全60巻	横山光輝	潮出版社	2011年
三国志行	立間祥介	潮出版社	1992年
三国志事典	立間祥介・丹羽隼兵	岩波書店	1994年
三国志戦略クロニクル	立間祥介	世界文化社	2006年
三国志の人間学	城野宏	致知出版社	2011年
三国志ハンドブック	陳舜臣・竹内良雄	三省堂	1998年
三国志ものしり人物事典	立間祥介・丹羽隼兵	文芸社	2005年
三国志演義	立間祥介訳	平凡社	1968年
三国志演義大事典	立間祥介	潮出版社	1996年
三国志 真説 諸葛孔明	立間祥介	三笠書房	1992年
正史 三国志 全八巻	陳寿他	筑摩書房	1992年
全相三国志平話	立間祥介	潮出版社	2011年
全譯 後漢書 列傳（六）	渡邉義浩主編	汲古書院	2006年
全譯 三国志 蜀書	渡邉義浩主編	汲古書院	2019年
諸葛孔明	立間祥介	岩波書店	1990年
知識ゼロからの三国志入門	立間祥介・横山光輝	幻冬舎	2009年
名言で読む三国志	村山　孚	徳間書店	1992年

【著者紹介】

竹内良雄（たけうち　よしお）

1945年8月、東京都生まれ。東京都立大学大学院中国文学科修士課程中退。慶應義塾大学、法政大学、学習院大学、中央大学などでの非常勤講師、慶應義塾大学経済学部教授（中国語）を務め、慶應義塾大学名誉教授。SBI大学大学院非常勤講師。

著書（共・編著を含む）に『ビジネスの武器として使える中国古典の名言至言ベスト100』（集英社、2013年）、『史記小事典』（徳間書店、1988年）、『三国志ハンドブック』（三省堂、1998年）、『「貞観政要」に学ぶリーダー哲学』（東洋経済新報社、2018年）、『「十八史略」に学ぶリーダー哲学』（東洋経済新報社、2019年）他。共訳書に『史記』（徳間書店、1972年）、『十八史略Ⅱ』（徳間書店、1975年）、『三国志Ⅳ』（徳間書店、1979年）、『顔氏家訓』（徳間書店、1990年）、『離婚指南』（蘇童著、勉誠出版、2012年）、『アルグン川の右岸』（遅子建著、白水社、2014年）他。

川﨑享（かわさき　あつし）

1965年4月、東京都生まれ。慶應義塾大学経済学部卒業。ミシガン州立大学大学院史学修士課程修了（中国研究・国際政治）。電機メーカー及びコンサルティング会社役員を経て、2013年5月より日本製造業一業種一社による業際集団「NPS研究会」の運営母体・㈱エム・アイ・ピー代表取締役社長。

著書（共・編著を含む）に『英国紳士vs.日本武士』（創英社／三省堂書店、2014年）、『英国の幻影』（創英社／三省堂書店、2015年）、『GENTLEMAN vs. SAMURAI』（第三企画出版、2017年）、『リーダーたる者の極意』（プレジデント社、2015年）、『NPSの神髄』（東洋経済新報社、2017年）、『経営思想としてのNPS』（東洋経済新報社、2016年）、『「貞観政要」に学ぶリーダー哲学』（東洋経済新報社、2018年）、『「十八史略」に学ぶリーダー哲学』（東洋経済新報社、2019年）他。

『三国志』に学ぶリーダー哲学

2021年2月11日発行

著　者――竹内良雄・川﨑享
発行者――駒橋憲一
発行所――東洋経済新報社
〒103-8345　東京都中央区日本橋本石町1-2-1
電話＝東洋経済コールセンター　03(6386)1040
https://toyokeizai.net/

装丁・ＤＴＰ…アスラン編集スタジオ
編集協力………渡辺稔大
印刷・製本……藤原印刷
編集担当………井坂康志

Printed in Japan　　ISBN 978-4-492-96190-2